Wellness

Printed in the European Union BGB/1999.

ISBN 3-89815-040-2

Inhalt

Einleitung

Alle Welt redet von Wellness, aber was verbirgt sich eigentlich dahinter? Ein neuer Freizeittrend? Eine Sportart? Ein Schönheitsrezept? Wenn man's genau nimmt: alles zusammen. Das Kunstwort ist der Sammelbegriff für viele Wege, die zu ein und demselben Ziel führen: dem Wohlfühlen und Fitsein von innen heraus. Hier geht es um subjektives Wohlbefinden, um das Einssein mit dem Körper, aber auch um Schönheit, um Pflege, um ein herrliches Körpergefühl.

Sportstress, Muskelquälerei, eisenharte Muskeln, stundenlanges Training – damit hat Wellness nichts zu tun. Wellness will mehr – oder besser gesagt: eigentlich weniger. Sanfte Methoden bringen uns unserem Körper wieder näher, machen dennoch fit und sorgen als wunderbarer Nebeneffekt auch noch dafür, dass wir den Alltag besser meistern, besser aussehen und uns einfach gut fühlen.

Glauben Sie nicht, Wellness hätte mit lauter neuen Methoden zu tun. Ganz im Gegenteil. Es sind zum Teil uralte Therapieformen, die im Zuge des Umdenkens neu entdeckt wurden. Dazu gehören alte chinesische Heilmethoden ebenso wie die Kuren des Pfarrers Kneipp. Das Geheimnis all dieser Methoden: sie zielen nicht darauf ab, uns innerhalb kürzester Zeit pumperlgesund zu machen, sondern wollen uns langsam den Bedürfnissen unserer Körpers gegenüber achtsam machen und heilen ohne Neben-, dafür aber mit Langzeiteffekt. So könnte man Wellness nicht als eine Fitness-Variante bezeichnen, die seit geraumer Zeit wie eine Welle über uns hinwegschwappt, sondern fast schon als eine Art Philosophie, denn hier geht es darum, Körper, Geist und Seele in Einklang miteinander zu bringen. Wie wussten die Alten früher schon: In einem gesunden Körper wohnt ein gesunder Geist. Oder war es anders herum?

Darauf haben sich mittlerweile viele große Reiseveranstalter spezialisiert. Gesundung rundum, Streicheln der Seele mit inbegriffen. Und der Geist kommt nirgends, wo Wohlfühlkuren oder -ferien angeboten werden, zu kurz.

Wer sich einmal auf solch ein Angebot einlässt und eine Wohlfühlkur bucht, der merkt rasch, dass er tatsächlich profitiert. Der Körper wird entschlackt, die Haut gestrafft, die Organfunktionen vitalisiert, Ekzeme eingedämmt und selbst Migräne wirkungsvoll bekämpft. Am häufigsten aber loben Wellness-Urlauber den unglaublichen und umfassenden Stressabbau. Sogar die genervtesten oder frustriertesten Manager können nach solch einem Wellness-Trip wieder babygleich schlafen und sind über Monate hinweg belastbarer.

Amerika ist uns in Sachen Wellness einen großen Schritt voraus. Weit blickende Führungskräfte großer Firmen führten schon vor längerem Wellness-Kurse für ihre Mitarbeiter ein. Ob Topmanager oder Schichtarbeiter – jeder kann daran teilnehmen und davon profitieren. Die Folge: die Fehlzeiten sanken und Krankenkosten in Millionenhöhe wurden eingespart.

Nun gibt es viele Wege nach Rom und ebenso viele, sich Wellness zu nähern. In diesem Buch will ich Ihnen einige dieser Wege aufzeigen. Besonders solche, die jeder für sich einschlagen kann. Ziel soll es sein, ein ganzheitlichen Bewusstsein zu entwickeln, sich sanft zu entstressen und sich rundum wohlzufühlen. Viel Spaß dabei!

Sanfte Therapien

Das Angebot an Therapien, die unter dem Sammelbegriff Wellness laufen, ist groß. Hier ein kleiner Überblick über die gängigsten Heilmethoden. Er verschafft Ihnen einen Eindruck davon, welche Möglichkeiten Sie haben, sich mit Hilfe von Fachkräften und Therapeuten sanft zu behandeln lassen.

Akupunktur

Es ist Richard Nixon, dem einstigen US-Präsidenten, zu verdanken, dass die Akupunktur Anfang der 70er Jahre einen regelrechten Siegeszug antrat und längst auch von der Schulmedizin anerkannt ist. Nixon besuchte nämlich China und dort zeigte man ihm, was Nadeln im Rahmen der traditionellen chinesischen Medizin (TCM) alles bewirken und heilen können. So funktioniert's: Ein sehr komplexes System von Energiebahnen, die man Meridiane nennt, überzieht den Körper wie ein unsichtbares Netz und ist jeweiligen Organen zugeordnet. So gibt es zum Beispiel den Blasen- und Nieren-Meridian. Werden nun bestimmte Bahnen mittels Nadel stimuliert, hat das Auswirkungen auf die Organe. Wird zum Beispiel am kleinen Zeh an einem bestimmten Punkt gepiekst, kann das Auswirkungen auf die Sehkraft haben. Bekannt ist inzwischen auch die Methode der Nikotin-Entwöhnung mittels winziger Nadel im Ohr. Angst vor dem Pieksen braucht man übrigens nicht zu haben. Die Stiche sind absolut erträglich, manche Patienten spüren kaum etwas davon. Die Akupunktur hilft bei Verspannungen, Schlafstörungen, bei Migräne, bei Problemen von Kreislauf, Leber oder Nieren. Im Bereich der Wellness wird die Akupunktur im Zuge von Antistress-Programmen eingesetzt.

Aromatherapie

Rund 300 verschiedene ätherische Öle aus Blüten, Blättern, Schalen und Hölzern kommen heute zum Einsatz. Als Kompresse auf schmerzenden Körperteilen, als Massageöl, als Badezusatz, als Raumduft, der einem gut tut. Man kennt belebende, beruhigende, schmerzlindernde, aktivierende, vitalisierende, stressabbauende Düfte. Da sie den körperliche Empfinden nachhaltig beeinflussen können, sollte man sich vorher genau kundig tun, welche Düfte man wo und wie einsetzt.

Ayurveda

Diese Heilkunst blickt auf eine fast 5000 Jahre alte Geschichte zurück und ist in Indien die Volksmedizin. Nach unserem Verständnis ist Ayurveda ein Naturheilverfahren, bei dem Ölgüsse, Kräuter, Massagen und Meditation zum Einsatz kommen. Ziel der Anwendungen ist es, Körper, Geist und Seele in Einklang zu bringen. Ayurveda heilt nicht nur bestehende Beschwerden sondern versteht sich auch als Krankheitsprophylaxe. Wer unter Stress und dessen Symptomen leidet, sollte sich ayurvedisch behandeln lassen.

Biofeedback

Im Spitzensport kam die Biofeedback-Trainingsmethode schon früh zum Einsatz und dort vor allem in der Leichtathletik. So funktioniert's: Der Patient (oder Sportler) wird an eine Apparatur angeschlossen, die Puls, Blutdruck oder Muskelspannung misst. Er konzentriert sich dann auf unbeabsichtigte Änderungen einer dieser Körperfunktionen. Die Apparatur schlägt sofort Alarm (Töne oder Bilder), wenn sich z. B. die Beinmuskulatur verkrampft. So erhält der Trainierende das Feedback, die Rückmeldung, über den Misserfolg seines Trainingsversuchs und lernt, den Entspannungsvorgang willentlich positiv zu beeinflussen. Studien haben inzwischen belegt, dass Biofeedback auch bei chronischen Schmerzen hilft wie auch beim Abbau von Stress.

Fußreflexzonenmassage

Erstaunlich: rund 72000 Nervenstränge verbinden die inneren Organe mit den Hautzonen der Füße. Die Fußreflexzonenmassage zielt darauf ab, durch Drücken, Streichen, Massieren diese Reflexzonen zu stimulieren und damit positive Reaktionen im Organ, dem Muskel oder Gelenk auszulösen. Die Durchblutung wird angeregt, Muskeln entspannen sich, Schmerzen lassen nach. Schöner Nebeneffekt der Fußreflexzonenmassage: der Organismus setzt belastende Schlacken frei, die ausgeschieden werden müssen. Es ist deshalb unbedingt nötig, nach der Massage viel Flüssigkeit zu sich zu nehmen. Bewährte Einsatzgebiete der Fußreflexzonenmassage sind Verdauungsstörungen, Migräne, Stress, Verspannungen.

Heu- und Moorbäder

Hier haben wir es mit wahren Fitmachern zu tun. Für das „Heubad“ wird früh am Morgen frisch gemähtes Gras etwa einen halben Meter dick in ein Bettgestell gepresst. Der Patient legt sich darauf und wird mit einer weiteren Schicht Gras und Heilkräutern zugedeckt. Das „Bad“ dauert zwanzig Minuten. Danach legt er sich auf ein einfaches Strohbett, wo sich starkes Schwitzen einstellt. Heubäder sind medizinisch anerkannt und helfen zu entschlacken, sie kräftigen das Immunsystem und aktivieren ganz allgemein den ganzen Körper. Die Schlammvariante davon – das Baden in Heilschlamm, der reich an Mineralien und anderen Stoffen ist – hilft beim rheumatischen Beschwerden und stärkt ebenfalls das Immunsystem.

Sauerstofftherapie

Sowohl für Herz-Kreislauf-Patienten wie auch solchen von Atemwegserkrankungen und mit Durchblutungsstörungen eignet sich diese Therapieform, um durch verbesserte und intensive Sauerstoffzufuhr Herz und Hirn mit dem so wichtigen Lebenselixier zu versorgen. Das steigert die Aktivität, stärkt die Abwehrkräfte und baut Stress ab. Zu beachten: Bevor man eine Sauerstofftherapie beginnt, sollte man seinen Hausarzt daraufhin ansprechen und auch den Sauerstoffgehalt im Blut bestimmen lassen.

Qi Gong

Oberstes Ziel des Qi gong ist es, den Fluss des „Qi“ (die Lebensenergie) im Körper zu stärken. Diese zirkuliert auf bestimmten Bahnen, den sogenannten Meridianen. Staut sich die Qi-Energie, kann es zu gesundheitlichen Beschwerden kommen. Die im Qi Gong verwendeten Übungen regen den Stoffwechsel an und stärken den Bewegungsapparat. Bewusste tiefe Atmung gehört genauso dazu wie auch die geistige Aufmerksamkeit auf die meist langsamen Bewegungen. Die Bewegungen werden zum Teil im Sitzen, im Liegen, im Stehen und beim Gehen gemacht. Durch die langsamen Übungen und die innere Konzentration, die das Qi Gong verlangt, werden bestimmte Punkte an den Meridianen aktiviert und das Qi damit wieder zum ungehinderten Fließen gebracht. Qi Gong ist eine wunderbare Maßnahmen bei Stress, bei Herz-Kreislauf-Problemen, bei chronischen Rückenschmerzen, bei Erschöpfung und Störungen des Bewegungsapparates.

Reiki

Bei dieser japanischen Therapieform wird die Kraft und die Macht der Hände eingesetzt. Durch Handauflegen wird die schöpferische Energie des Universums -Reiki – angezapft und durch die Hände des Heilers in den Körper des Patienten geleitet. Dort bringt sie die gestaute Lebensenergie wieder zum Strömen. Vorsicht: Wer Reiki anwenden will, sollte einen entsprechenden Kurs besuchen. Reiki empfiehlt sich besonders bei Stressbeschwerden und -symptomen, bei Verspannungen, bei Verdauungsproblemen und bei Kopfschmerzen.

Thalasso

Eine Therapieform, die jeder auch zuhause durchführen kann, denn hier heilt man mit der Kraft des Meeres – deutlicher gesagt: mit der Kraft der im Meerwasser enthaltenen Mineralien. Zum Programm von Häusern, die Thalasso-Kuren anbieten, gehören Warme Meerwasserbäder, Sprühduschen, Algenpackungen und -bäder, Jet-Duschen. Wahre Fitmacher darunter sind die Algenbäder, die besonders reich an Vitaminen und Mineralien sind. Wer Thalasso zuhause erleben möchte, kann überall im Handel Meersalz erwerben und sich diese zweimal die Woche zubereiten. Thalasso hilft, den Körper zu entschlacken und Stresssymptome abzubauen. Ein schöner Nebeneffekt: Die Haut wird glatt und rosig.

Yoga

Die inzwischen wohl bekannteste Form der Entspannung, da bereits seit Jahren eingeführt und von vielen praktiziert. Yoga ist ein sanfter Weg zur Entspannung, zum Abbau von Stress-Symptomen. Das Schöne an Yoga: man kann es dosieren wie man es gerade braucht. Yoga eignet sich auch für Schmerzpatienten und solche, die unter Verspannungen leiden. Die Körper- und Dehnübungen des Yoga tun nicht weh und man nähert sich sehr behutsam der eigenen Schmerzgrenze. Durch die bewusste Atemlenkung lernt man, die verspannten Stellen zu lockern. Wer Yoga in seiner ganzen Form betreiben möchte, der sollte einen entsprechenden Kurs bei einem guten Lehrer (auf Empfehlungen hören!) machen. Wofür Yoga gut ist: Pulsdrosselung, Muskelanspannungen werden vermindert, Gelassenheit und geistige Wachheit.

Wenn Sie sich für eine dieser Kuren interessieren, dann finden Sie über Ihr Reisebüro vielerlei Häuser, die über ganz Europa verteilt sind und teilweise regelrechte Komplettprogramme in Sachen Wellness anbieten. Erkundigen Sie sich. Wer sich solch eine Woche oder gar zwei bisher geleistet hat, ist in der Regel begeistert und bucht regelmäßig wieder. Der Wohlfühleffekt ist enorm und die Gesundheit dankt es einem!

Aromatherapie

Besondere Aufmerksamkeit wollen wir auf die Aromatherapie richten, da diese für jeden leicht durchführbar ist. Die Aromen können Sie in Drogerien, in Parfümerien und in Apotheken kaufen und sich ein ganz individuelles Sortiment zusammenstellen. Ganz nach Ihren Vorlieben und Bedürfnissen. Bevor Sie sich der Kraft und der Macht der Düfte therapeutisch hingeben, sollten Sie aber folgendes beachten:

- Wenden Sie ätherische Öle niemals innerlich an. Sie sind nämlich nicht wasserlöslich und können in unverdünnter Form die Struktur des Verdauungstraktes angreifen. Einige der Öle sind giftig.

- Tragen Sie ätherische Öle nicht unverdünnt auf die Haut auf. Lösen Sie sie in einem Trägeröl oder einer Creme, bevor Sie sie anwenden – z. B. als Massageöl. Es gibt Ausnahmen für diese Empfehlung: Manche ätherischen Öle, wie zum Beispiel Ylang Ylang oder Sandelholz können als Parfüms unverdünnt aufgetragen werden. Bevor Sie das tun, sollten Sie allerdings einen Allergietest machen: ein paar Tropfen aufs Handgelenk geben, Pflaster drüber und zwei Stunden abwarten. Zeigen sich keine Rötungen oder Reizungen, können Sie das Öl als Parfum benutzen.

- Manche Öle besitzen phototoxische Wirkung. Das bedeutet, dass Sie – falls auf die Haut aufgetragen – unter Sonneneinwirkung Pigmentfleckern hervorrufen können. Dazu gehören: Zitronen-, Limonen- oder Orangenöl. Ferner Bergamotteöl und Kreuzkümmelöl.

• Babys und Kinder bekommen grundsätzlich nur einen Tropfen des gewählten Öls in die Massagecreme oder das Badewasser. Folgende Öle sollten bei der Behandlung von Babys und Kindern gänzlich vermieden werden, da sie Hautreizungen und allergische Reaktionen auslösen können: Basilikum, Eukalyptus, Ingwer, Kiefernnadeln, Lemongras, Nelke, Pfefferminze, schwarzer Pfeffer, Thymian und Zimtblatt. Für Erwachsene gilt: Höchstens drei Tropfen davon ins Badewasser.

• Auch Schwangere und heranwachsende Föten reagieren teilweise äußerst empfindlich auf ätherische Öle. Folgende Öle sollten in jedem Fall vermieden werden: Thymian, Wacholder, Ysop, Zimtblatt, Basilikum, Estragon, Majoran, Muskatellersalbei, Myrrhe, Nelke, spanischer Salbei, Zitronella. Während der ersten vier Monate der Schwangerschaft sollten Atlas-Zedernholz, heller Fencher, Pfefferminze und Rosmarin vermieden werden.

• Ätherische Öle sollten licht-und hitzegeschützt gelagert werden. Am besten sind dunkle Flaschen, die an einem – kindersicheren – Ort stehen.

Anwendungsmethoden

Die beiden häufigsten Anwendungsmethoden im häuslichen Umfeld sind das Verdampfen und die Beigabe zum Badewasser. Es ist eine wahre Wonne für Körper, Geist und Seele, in duftendem Wasser zu entspannen und die Gedanken einmal fliegen zu lassen.

So wird`s gemacht: Lassen Sie die Wanne voll laufen und geben Sie zwischen 5 und 10 Tropfen des von Ihnen ausgewählten Öls dazu. Sie können Öle natürlich auch mischen, doch auch dann darf die Gesamtmenge 10 Tropfen nicht übersteigen! Sie können das Öl in einem Teelöffel Trägeröl verdünnen, bevor Sie es dem Badewasser zugeben. Das empfiehlt sich besonders bei Babys und Kleinkindern. In Frage kommt vor allem das süße Mandelöl. Der Nebeneffekt des Verdünnens in Öl: die Haut wird mit Feuchtigkeit versorgt und das Öl wird gleichmäßig verteilt.

Verdampfte Öle können als Raumbeduftung dienen und damit auch lästige Gerüche vertreiben. Es gibt vielerlei Möglichkeiten des Verdampfens: in den herkömmlichen Duftlämpchen über einem Teelicht, in der elektrischen Duftlampe oder einfach in einer Schüssel heißem Wasser, das Sie auf die Heizung stellen werden einige Tropfen des gewählten Öls verdampft, jeweils unter Zugabe von etwas Wasser. Alle diese Möglichkeiten führen dazu, das Öl mit seinem Duft im Raum zu verteilen. Je nach Öl erzielt man einen antibakteriellen Effekt, einen schleimlösenden Effekt, einen beruhigenden oder belebenden.

In der heutigen Zeit kommt es vor allem darauf an, sich von Stress zu befreien. Folgende Öle sollen Ihnen ein kleiner Leitfaden sein:

Basilikum

Dieses süßlich-würzige Öl hat einen klaren und stärkenden Duft. Es ist ein Nerventonikum, das auf den gesamten Organismus stimulierend wirkt. Es vertreibt Depressionen und hilft bei geistiger Erschöpfung.

Benzoe

Ein sehr vollmundiges Öl, das einen vanille-ähnlichen Duft verströmt. Es hilft bei Depressionen und kann auch bei Bronchitis eingesetzt werden.

Bergamotte

Bergamotte wirkt sehr beruhigend auf das zentrale Nervensystem, empfiehlt sich also als Raumduft nach einem sehr turbulenten, stressigen Tag. Der süßliche Zitronenduft hat einen wunderbaren Nebeneffekt: er wirkt belebend und stimmungshebend.

Geranie

Ein wunderbar duftendes Öl, das einen süßen, grünlichen Duft verströmt. Geranie wirkt ausgleichend und harmonisierend und ist auch wunderbar für die Hautpflege geeignet. Probieren Sie es einmal mit einer Geranienöl-Kur gegen Zellulitis. Dafür werden drei Tropfen mit einer Trägercreme gemischt und regelmäßig an den Problemzonen einmassiert.

Jasmin

Hauptbestandteil vieler Parfums. Der intensive blumige Duft hebt die Stimmung und hat eine leicht anregende Wirkung. Verdampfen Sie Jasmin auch mal im Schlafzimmer. Es wirkt anregend und stimulierend!

Deutsche Kamille

Dieses Öl hat eine äußerst beruhigende Wirkung und wirkt – in der Hautpflege eingesetzt – auch entzündungshemmend. Der Deutschen Kamille sehr ähnlich ist die Römische Kamille.

Lavendel

Eines der bekanntesten Öle, das einen blumigen, süßlichen Duft verströmt. Lavendel wirkt beruhigend und wirkt auch gegen Kopfschmerzen, Bluthochdruck, es vertreibt Insekten und hilft auch bei Schlaflosigkeit.

Lemongras

Lemongras durfte nach Zitronen und Gras und hat eine beruhigende Wirkung auf das zentrale Nervensystem. Setzen Sie es ruhig auch im Sommer ein, denn es vertreibt lästige Insekten!

Mandarine

Ein wunderbarer Duft zur Weihnachtszeit, ganz besonders

dann, wenn man ihn mit etwas Vanille mischt. Mandarine belebt den Geist, hat aber gleichzeitig eine milde beruhigende Wirkung auf die Nerven.

Majoran

Dieses Öl kommt mit einem nussigen und angenehm warmen Geruch daher, der eine stark beruhigende Wirkung sowohl auf den Geist wie auch auf das Nervensystem hat. Majoran ist außerdem als krampflösend und entspannend bekannt. Das optimal Öl, um damit nach einem Stress-Tag abzuschalten.

Muskatnuss

Die meisten kennen Muskatnuss nur als Gewürz. Es hat aber – in der Duftlampe benutzt – auch eine herrlich beruhigende und ausgleichende Wirkung.

Neroli

Dies ist ein vollmundiges und blumiges Öl, dass auch gut als Parfum verwendet werden kann. Es wirkt zwar stimmungshebend und belebend auf den Geist, hat aber gleichzeitig eine beruhigende Wirkung auf das Nervensystem. Bekannt ist von Neroli übrigens auch seine aphrodisische Wirkung.

Orange

Auch das Orangenöl erinnert im Winter an Weihnachten. Es hat einen süßen Duft, es beruhigt und macht ausgeglichen.

Patchouli

Ein vollmundiges Öl, das gerne zum Beduften von Wäsche oder Kleidung verwendet wird, außerdem als Parfum. Patchouli hat eine aphrodisische Wirkung, es beruhigt den Geist und stärkt das Nervensystem.

Petigrain

Leicht zu verwechseln mit dem Neroliöl. Es hat einen blumigen und angenehm frischen Duft nach Zitrone und wird gerne als Bestandteil von Eau de Cologne eingesetzt. Petigrain wird als Badezusatz verwendet und wirkt so gegen stressbedingte Leiden.

Marokkanische Rose

Ein sehr weiblicher Duft, der Herz und Seele wärmt und beruhigend auf die Nerven wirkt. Auch Kinder mögen ihn. Verwenden Sie die Marokkanische Rose als Badezusatz oder als Zusatz Ihres Massageöls.

Muskatellersalbei

Dieses Öl verströmt einen süßlichen, nussigen Duft. Es wird eingesetzt gegen stressbedingte Symptome wie auch bei Angstzuständen.

Sandelholz

Das Sandelholzöl blickt auf eine über viertausend Jahre lange Geschichte zurück. Sandelholz verströmt einen weichen, holzigen und balsamischen Duft, der beruhigend wirkt.

Vetiver

Dieses Öl hat einen erdigen, rauchigen Geruch. Dieser hat eine beruhigend Wirkung und wird auch bei Angstzuständen eingesetzt.

Weihrauch

Dieses blassgelbe Öl hat einen vollen, süß-balsamischen Duft, der sowohl den Geist wie auch die Nerven beruhigt.

Ylang Ylang

Ein traditionelles Aphrodisiakum, das einen weichen und balsamischen Duft verströmt. Ylang Ylang belebt den Geist und alle Sinne, beruhigt aber gleichzeitig die Nerven. Ein herrlich weiblicher Duft, dem sich aber auch Männer nicht entziehen können.

Zitrone

Ein klarer, erfrischender Duft, der sich auch hervorragend zum Raumbeduften eignet (gegen Zigarettenrauch, üble Gerüche). Auf uns Menschen wirkt Zitrone beruhigend.

Zypresse

Die beruhigende Wirkung des Zypressen-Öls liegt in seinem rauchig-balsamischen und süßlichem Duft.

Manchmal fühlt man sich schlapp, ausgepowert, geistig erschöpft. Auch für solche „Burnout"-Momente kennt die Aromatherapie einige Öle, die den Geist stimulieren und den

Körper vitalisieren. Probieren Sie es mal mit folgenden Ölen und finden Sie heraus, auf welches Sie am besten ansprechen:

Eukalyptus

Dieses Öl erfrischt mit seinem starken und kampferartigen Duft. Es hilft bei kreislaufbedingten Kopfschmerzen und wirkt auch antiseptisch.

Grapefruit

Wer die Frucht mag, mag auch das Duftöl davon. Es ist herrlich frisch und verströmt ein süßliches Zitronenaroma, das an Süden und Urlaub erinnert.

Ingwer

Ingwer hat zwar ein warmes und würziges Aroma, dennoch wirkt es äußerst anregend auf das Nervensystem.

Kardamom

Vorsicht: der Duft von Kardamom übertönt andere Düfte. Es sollte deshalb im Alleingang verdampft werden. Sein Aroma ist warm und würzig und hat eine anregende Wirkung – übrigens auch auf die körperliche Lust.

Kiefernnadel

Man kennt es als traditionellen Badezusatz. Doch auch als Raumduft kommt Kiefernnadel gut. Der frische Duft wirkt anregend und äußerst erfrischend.

Myrte

Ein erfrischender Duft, der dam Eukalyptusöl nicht unähnlich ist. Viele schwören auf die aphrodisische Wirkung der Myrte.

Schwarzer Pfeffer

Nicht nur im Essen ein Genuss, auch als Öl nicht zu unterschätzen. Der schwarze Pfeffer kommt überraschend warm daher und hat eine vitalisierende Wirkung auf unseren Organismus. Vorsicht: Als Badezusatz höchstens 3 Tropfen verwenden.

Pfefferminze

Das ideale „Büroöl". Pfefferminze erfrischt, es macht den Kopf frei und hat eine äußerst belebende Wirkung auf den Geist. Außerdem übertönt es lästige Gerüche.

Rosmarin

Dieses Öl stärkt und hat eine sehr anregende Wirkung. Sein Aroma ist warm und kräuterähnlich.

Spanischer Salbei

Im Gegensatz zum Muskattellersalbei äußerst anregend und belebend. Das Aroma des Spanischen Salbeis ist frisch und kampferähnlich, ist aber nicht so angenehm wie das des Muskattellersalbeis.

Zitronella

Sollte ausschließlich in der Duftlampe eingesetzt und in der

Schwangerschaft gänzlich vermieden werden. Zitronella wirkt erfrischend und hat den schönen Nebeneffekt, dass es im Sommer Insekten fern hält.

Die Macht der Farben

Farben können mehr, als nur schön aussehen und unsere Umwelt freundlicher gestalten. Sie wirken auf unsere Stimmung und können deswegen entscheidend unser Wohlbefinden beeinflussen. Das Schöne an ihnen ist aber, dass sie jeder für sich zuhause einsetzen kann. Die einfachste Methode der Selbstbehandlung ist, sich von einer farbigen Lampe anstrahlen zu lassen (Glühbirnen in den Grundfarben Rot, Grün, Blau und Gelb sind im Elektrofachhandel erhältlich).

Hier einige Regeln, um sich die Macht der Farben zunutze zu machen:

- Die Entfernung des Kopfes von der Lampe sollte etwa 30 cm betragen.

- Die Dauer der Anwendung: etwa 20 Minuten.

- Suchen Sie sich für die Anwendung einen bequemen Platz aus, z. B. einen Fernsehsessel oder das gemütliche Sofa.

- Sorgen Sie für eine entspannte und ruhige Atmosphäre, der Raum sollte warm und behaglich sein.

- Lassen Sie im Hintergrund sanfte Musik laufen. Möglichst keine Lieder, die gesungen werden. Im Handel gibt es eine

Unmenge von Instrumental-CDs, die entspannen und lösen.

• Umgeben Sie sich mit einem schönen Duft.

• Stellen Sie Telefon und Türglocke ab und auch alle anderen Geräte, deren Geräusche Sie stören.

Und hier nun die Farben und ihre Wirkung auf Sie:

Tiefrot hilft, bei Trägheit und Energielosigkeit neue Kraft zu finden. Die Farbe stärkt den Willen und das Ego.

Dunkelrosa kann bei dem Gefühl innerer Leere und Ziellosigkeit eingesetzt werden.

Hellrosa wirkt bei starker innerer Anspannung und psychischem Druck beruhigend und ausgleichend.

Orangerot kann bei ständiger Müdigkeit und großen morgendlichen Anlaufschwierigkeiten eingesetzt werden.

Orange hilft bei depressiven Verstimmungen, grundloser Traurigkeit und Niedergeschlagenheit.

Dunkelgelb macht ausgeglichen und vertreibt das Gefühl von Unzufriedenheit.

Gelbgrün motiviert und hilft vor allem jenen Menschen, die

dazu neigen, ungeliebte Arbeiten und Aufgaben auf die lange Bank zu schieben.

Grün kann bei extremen Stimmungsschwankungen eingesetzt werden.

Helltürkis wirkt aufbauend in Phasen von Traurigkeit und grundloser Niedergeschlagenheit.

Türkis hilft Menschen, die zu Grübeleien neigen. Türkis stärkt auch die Psyche.

Tiefblau wirkt beruhigend. Besonders in Stressphasen und solchen, in denen man überaus ungeduldig reagiert.

Tiefviolett löst innere Spannungszustände und hilft bei Gefühlen der Verzweiflung und Ausweglosigkeit.

Neben der Bestrahlung mit Licht können Sie natürlich auch große Kartons (in Bastelgeschäften) als „Bestrahlungshilfe" einsetzen. Dies empfiehlt sich besonders bei den genannten Farbzwischentönen.

Befestigen Sie den Karton an der gegenüberliegenden Wand, setzen Sie sich bequem auf den Boden oder auf das Sofa und meditieren Sie über der Farbe. Eine weitere Möglichkeit, wenn es die gewünschte Farbe nicht als Glühbirne gibt: über die Lampe ein entsprechenden farbiges Tuch legen. Achten Sie aber darauf, dass das Tuch weit genug von dem Leuchtkörper entfernt ist. Nicht ohne Aufsicht lassen und nach der Bestrahlung gleich entfernen. Brandgefahr!

Edelsteine und ihr positiver Einfluss

Jeder Teil auf diesem Planeten hat seine eigene Lichtenergie. Wir sind von Strahlungen und energetischen Schwingungen umgeben, die mit unserem Lichtband der Aura korrespondieren. Eine große Macht von Energie – natürlich positive – stellt die Welt der Steine dar. Ihre Energien lagen lange Zeit vergessen im Dunklen. Ein verschüttetes Erbe alter traditioneller Weisheiten, das erst langsam wieder an Bedeutung gewinnt.

Sehr lange wurde das Funktionieren des Körpers und die damit verbundene Gesundheit ausschließlich an physikalischen Gesetzmäßigkeiten ausgerichtet. Erst im Zuge der ganzheitlichen, alternativen Medizin wurde sich auf längst in Vergessenheit geratene, von der modernen, hochtechnischen Medizin verdrängte Heilmethoden zurückbesonnen und weiterentwickelt.

In diesem Kapitel finden Sie eine Auswahl an Steinen, die auf sehr unterschiedliche Weise wirken. Die einen entspannen, entschlacken, geben uns ein Gefühl der inneren Gelassenheit, andere wieder mobilisieren die inneren Kräfte und aktivieren Selbstheilungsenergien und wieder andere schirmen uns vor negativen Schwingungen ab.

So bunt wie die Vertreter des Steinreichs, so bunt ist auch das Wirkungsspektrum. Wer hat sich auf langen Spaziergängen an einem Flussbett oder am Meer nicht schon einmal nach einem besonders schönen Kiesel gebückt? Hat sein schmeichlerisches Wesen in der Handfläche und seine beruhigende Wirkung gespürt?

Gezielt eingesetzt, können Steine auf mentaler Ebene einen wichtigen Beitrag zur inneren Ausgeglichenheit leisten. Niedergeschlagenheit, depressive Gedanken oder Unsicherheit lassen sich mit ihrer Hilfe lindern – und sogar ins Gegenteil umwandeln.

Auf körperlicher Ebene haben sich die Minerale gleichfalls als Helfer bewährt. Ob bei Kreislaufschwäche, Blutarmut, Tennisarm oder Heilungsprozesse des Gewebes. Sie sind aber stets als begleitende Maßnahme zu betrachten. Bei ernsthaften Beschwerden sollte immer ein Arzt aufgesucht werden.

Tauchen Sie nun ein in die Welt der Steine. Lassen Sie sich animieren, den einen oder anderen einmal „auszuprobieren“. Und nehmen Sie die Energien dankbar an, die Ihnen die teilweise herrlich funkelnden Gesellen bieten.

Achat

Der Achat ist ein Quarz und ist in den Geschäften häufig als Trommelstein oder in Scheiben geschnitten zu finden. Achate können in sehr unterschiedlichen Ausprägungen vorkommen. In natürlichem Zustand geben erdige Farben, braun, schwarz und dunkelblaue Nuancen den Ton an. Der Handel bietet Achate auch in Rot, Orange, Gelb, Grün oder Hellblau an. Diese Steine sind nach alten Rezepten gefärbt.

Energien

Da Achate nicht selten Einschlüsse aufweisen und Musterungen, die den inneren Organen des Menschen entsprechen, werden sie in Therapien oft bei Beschwerden des entsprechenden Organs eingesetzt. Achatscheiben, die einen kristallinen Einschluss aufweisen symbolisieren ein Embryo im Mutterleib. Häufig werden diese Steine daher bei Schwangeren eingesetzt, die um die Gesundheit ihres werdenden Kindes bangen. Die Schwingungen des Achates helfen, Gelassenheit und Vertrauen in die natürlichen Vorgänge des Körpers zu entwickeln.

Augen-Achate gelten als Schutzsteine. Sie sind gut als Schmuckanhänger oder Taschenstein ständig am Körper zu tragen. Generell verhelfen Achate zu Gelassenheit und beruhigen in Stresssituationen. Außerdem verhelfen sie uns im Alltag zu intensiven menschlichen Begegnungen. Tragen Sie den Stein tagsüber bei sich und/ oder legen sie ihn nachts unter das Kissen.

Amazonit

Amazonite sind grünlich opake Steine, häufig mit hellen Streifen durchzogen oder runenartigen Ornamenten.

Energien

Amazonite werden zur Stärkung und Kräftigung verwandt. Sie helfen vor allem nach Krankheiten, die den Organismus ausgelaugt haben (z. B. Durchfall) oder wenn bei Operationen und Unfällen viel Blut verloren wurde, oder aber Blut gespendet wurde. Amazonite wirken auf die Organe Milz und Leber reinigend und sanft entgiftend. Amazonite (Trommelsteine) dann täglich auflegen.

Auch Leistungssportler oder Amateure, die eine Extremsportart betreiben, können Amazonite gut zur allgemeinen Stärkung des Organismus einsetzen.

In den Bereichen des dritten, vierten und fünften Chakras getragen, schützt der Amazonit die Aura des Besitzers vor negativen Einflüssen und wirkt gleichzeitig kräftigend.

Amethyst

Ein tiefvioletter und transparenter Halbedelstein aus der Familie der Quarze. In der Regel besitzt er eine Spitze. Naher Verwandter: Flores-Amethyst: hellviolett, transparent.

Energien

Dem Amethyst wird die Fähigkeit nachgesagt, die Intuition zu verstärken. Er verschärft die außersinnliche Wahrnehmung und öffnet den Geist für neue Ideen und Eingebungen. Im Bereich des Scheitel- und/ oder Stirn-Chakras eingesetzt, hilft der Amethyst Sanftmut, Güte und Weisheit entstehen zu lassen. So ist er geeignet, dass bei Streitigkeiten besser und schneller verziehen wird. Außerdem lenken die Strahlen des Amethyst in die eigene innere Mitte, aus der wir erkennen können, welche Bestimmung uns zugedacht ist und wie wir unsere Talente am besten entwickeln und einsetzen können. Im großen und ganzen ist der Amethyst einer der besten Helfer für die Stabilität von Körper und Geist. Außerdem reguliert er den Blutdruck und lindert Beschwerden, die durch Stauungen des Lymphdrüsen-Systems entstanden sind.

Das Elixier von Amethysten als Kompresse sorgt für eine schnelles Abschwellen von verquollenen Augen. Weitere Anwendungsmöglichkeit: Amethyste auf Furunkel oder dicke Beine auflegen. Ein Amethyst, nachts unter das Kissen gelegt, sorgt für schöne Träume.

Aquamarin

Der türkise, transparente Edelstein gehört zu der Familie der Berylle.

Energien

Der Aquamarin ist ein Klassiker mit wandelndem Gesicht. Galt dieser Stein früher als Odem der Seher und Zauberer, die damit das Mystische, das Visionäre „erkennen" und „deuten" konnten, wird der Aquamarin heute in erster Linie als sicher Schutz gegen die moderne Informationsflut eingesetzt.

Der strahlende blaugrüne Edelstein hat ausgleichende Wirkung und stabilisiert Emotionen, Geist und Körper. Ein hervorragender Meditationsstein. Seine leuchtend strahlendes Aussehen ähnelt dem Licht, dass luftige Himmelssphären durchflutet. Er hilft auch bei düsteren Gedanken und Wetterfühligkeit. Seine Energie beruhigt gereizte Atemweg und Schleimhäute.

Auf das Kehl-Chakra aufgelegt, öffnet der Aquamarin und lässt die Energien wieder frei fließen. Er hilft außerdem bei Nacken-, Hals, Kiefer- und Zahnbeschwerden. Auch bei Nervenschmerzen und Drüsenstörungen wird der Aquamarin erfolgreich eingesetzt.

Bei der Behandlung von Augenleiden wird der Edelstein auf die geschlossenen Lider aufgelegt.

Basalt

Ein schwarzes Lavagestein, das opak ist und in der Regel eine raue, grobporige Oberfläche besitzt. Basalt kann aber auch nur grobkörnig aussehen und eine glatte „Haut“ besitzen.

Energien

Basalt wird vorwiegend beim ersten Chakra, dem Wurzel-Chakra eingesetzt. Hier entfaltet das Lavagestein (gemäß seiner Entstehung) wärmende, durchblutende und Blockaden auflösende Wirkung. Wer öfters unter kalten Händen und Füßen leidet, kann mit einem Basalt dicke Socken ersetzen und ständiges Hände reiben vergessen. Hervorragend hat sich Basalt bei der Behandlung von Blasenentzündungen bewährt. Auch bei diversen Problemen der Menstruation (zu schwach, zu stark, unregelmäßig) wirkt Basalt harmonisierend und ausgleichend. Dieser „hitzige“ Stein fördert die Durchblutung im gesamten Unterbauch, mit Schwerpunkt auf die Geschlechtsorgane. Damit „facht“ er die Hormonproduktion – egal ob männlich oder weiblich – an. Eine Steigerung der Lust ist damit vorprogrammiert.

Basalt macht entschlossen. Nicht lange fackeln – zupacken, heisst die Devise. Gleichzeitig sieht man alles ein bisschen gelassener, ist locker. Und die Ausstrahlung eine ganze Portion erotischer. Beste Voraussetzung, um Kontakte zu knüpfen, Liebesbeziehungen zu beginnen und aufzuheizen.

Bernstein

Ein gelbbrauner Stein, der sowohl transparent als auch opak sein kann. Vielfach besitzen Bernsteine Einschlüsse von Insekten- und Pflanzenteilen. Es ist ein sehr leichter Stein, der seinen Ursprung im Pflanzenreich hat (versteinertes Harz).

Energien

Dieser Stein strahlt in seinem warmen Licht wie eine kleine Sonne. Er hellt das Gemüt auf und spendet Lebensmut. Besonders wirksam auf dem Solarplexus-Chakra, wo der Bernstein mit seinen Schwingungen für positive Energien sorgt und Negatives absorbiert.

Der Bernstein als Schutz- und Bannstein verheißt auf die materielle Ebene bezogen Glück und Erfolg. Sowohl in Verbindung mit Familie und Kollegen, in beruflichen und geschäftlichen Angelegenheiten als auch bei der Erhaltung des eigenen Heimes.

Er zeigt uns, welches die richtigen Entscheidungen in unserem Leben sind und hilft uns Menschen zu treffen, die uns in unser Entwicklung und Fortkommen unterstützen.

Rheumageplagte schwören auf Bernstein. Denn er lindert Schmerzen. Dafür einen Stein wählen, der viele Harzeinschlüsse aufweist und ihn direkt auf das schmerzende Gelenk legen.

Beryll-Katzenauge

Ähnlich wie der Beryll ist auch das Beryll-Katzenauge einfarbig. Allerdings ist dieser Stein opak und zeigt sich in einem verwaschenen hellblau bis leicht grün. Punktuell weiße Lichtreflexionen.

Energien

Ähnlich wie sein Namensvetter wirkt das Beryll-Katzenauge anregend und vitalisierend – nur nicht ganz so intensiv. Dieser Stein richtet sein Augenmerk auf Missstände im körperlichen Bereich. Seine Schwingungen lassen uns erkennen, wo etwas im Argen liegt. Schützt daher den Träger auch indirekt vor Überanstrengungen. Das Beryll-Katzenauge bewahrt den Träger zwar nicht unbedingt mit einer Zusatzportion Power davor, lässt aber rechtzeitig die Alarmglocke laut schrillen. Im Bereich der Augen hilft das Beryll-Katzenauge bei Leiden, deren Ursache meist im Auspowern liegt: überanstrengte, gerötete, tränende und „dicke" Augen, aber auch bei Bindehautentzündungen oder dem Gefühl Sand im Auge zu haben. Wird das Beryll-Katzenauge zur Meditation oder für Körperauflagen (als einer von mehreren) eingesetzt, sind seine Energien hilfreich, das eigene Leben und die Situation in der man sich zur Zeit befindet, etwas klarer und emotionsloser zu betrachten. Der Finger wird auf die Wunde gelegt. Man weiß was Sache ist. Dabei fordert das Beryll-Katzenauge auf, zügig zu reagieren und zu handeln.

Chalzedon

Ein hellgraue, bläulich-weiß schimmernder opaker Stein, der graue Bänderungen aufweist und dieser Form Blauer Chalzedon oder Streifenachat genannt wird. Der Chalzedon kommt aber auch als brauner opaker Stein vor, der als Roter Chalzedon gehandelt wird. Oder aber als rein weißer Stein (weißer Chalzedon).

Energien

Das klassische Einsatzgebiet des Blauen Chalzedons ist das Kehl-Chakra. Er hilft bei allen Beschwerden, die in diesem Bereich auftreten können. Dazu gehören Halsschmerzen, Heiserkeit, „Kloß im Hals", Schluckbeschwerden, aber auch Verspannungen im Schultergürtel und im Nackenbereich. Der Blaue Chalzedon gilt aber auch als allgemeiner Energiespender. Regelmäßig auf die Hauptchakren aufgelegt, stabilisiert und energetisiert er die Aura, wirkt als Magnet für Glück und schützt vor negativen Einflüssen.

Der Rote Chalzedon ist eisenhaltig und hat eine lebhaftere Schwingung. Er kurbelt den Stoffwechsel an und hilft so beim Abnehmen. Außerdem verspürt der Träger Appetit auf gesunde Kost. Weißer Chalzedon wird bei frisch gebackenen Müttern eingesetzt. Er regt den Milchfluss an. Aber auch bei Stauungen des Lymphflusses hilft der Weiße Chalzedon, die Blockaden zu beseitigen.

Citrin

Dieser Stein aus der Familie der Quarze ist Sonnenlicht pur. Er variiert von hellgelb über sonnengelb bis zum bernsteinähnlichen hellbraun. Seine transparente, lichtdurchlässige Konsistenz strahlt Wärme und Klarheit aus.

Energien

Ähnlich wie sein naher Verwandter der Bergkristall, ist auch der Citrin ein universeller Heiler. Er beeinflusst die Aura positiv mit seinen hellen, Kräfte bringenden Lichtstrahlen. Im Bereich der Psyche, gilt dieser Stein als gnadenloser Muntermacher. Seine hohe Vibration pusht die Stimmung nach oben. Abgestumpfte Gemüter erleben einen neuen Höhenrausch. Da haben Depressionen keine Chance.

Im körperlichen Bereich werden Citrine vor allem bei den Verdauungsorganen eingesetzt. Dort wirken sie reinigend und klärend, helfen Gifte auszuscheiden, die sich dort angesammelt haben.

Auf dem Milz-Chakra aufgelegt beseitigt der Citrin lästige Beschwerden wie Blähungen, wird aber auch für „Aufräumarbeiten“ im Bauchraum eingesetzt. Er ist allerdings manchmal ein wenig zu intensiv, was bedeutet, dass sich die Schmerzen am Anfang verstärken könnten. Das ist allerdings nur kurzfristig. Danach ist eine deutliche Linderung zu spüren.

Diamant

Eigentlich ist es nur Kohlenstoff pur – aber wohl in der schönsten Form. Der Diamant kommt allerdings nicht nur in der bekannten weißen, durchsichtigen Form vor. Er kann genauso gut gelb schimmern, oder anthrazit bis schwarz sein. Der Diamant ist der härteste aller Steine

Energien

Als Schmuckstück ist der Diamant – in geschliffener Form Brillant – ungeschlagener Spitzenreiter auf der Beliebtheitsskala. Kein anderer Edelstein strahlt und funkelt so hell wie er. Dafür muss der Diamant eine langwierige Prozedur des Schleifens über sich ergehe lassen. Und diesen Effekt löst der Edelstein auf dem Scheitel-Chakra aufgelegt aus. Er hilft uns, unsere Charakter- und Wesenszüge zu perfektionieren.

Da der Diamant den höchsten Härtegrad aufweist, können seine Schwingungen gleichfalls zu „Verhärtungen" führen. Werden Diamanten als Schmuck getragen, werden diese Personen oft schnell als arrogant und unnahbar empfunden.

Der Diamant speichert Energien – sowohl positive als auch negative. Als Schutzstein sind diese Eigenschaften natürlich äußerst willkommen. So fangen Brillantringe, die in einer Zeit des totalen Glücks verschenkt und dann oft getragen werden, die positiven Gefühle ein und konservieren sie.

Das Gleiche gilt aber auch für Trauer und Kummer – den Diamanten dann aber nicht mehr tragen sondern gut – mit all seinen negativen Schwingungen – gut wegschließen.

Generell ist der Diamant einer der besten Wächter für die Aura. Außerdem stärkt er jedes Organ, belebt und unterstützt die Willenskraft, stabilisiert das Immunsystem und steigert den Durchhaltewillen.

Der Schwarze Diamant ist ein vehementer Energiespender. Er wirkt sehr kraftvoll und ist daher gut geeignet, wenn Sie Unterstützung für größere Unternehmungen (z. B. Hausbau, Renovierung) brauchen. Vorsicht nur: Der dunkle Vertreter des Königssteins macht den Träger auch radikal und entschlossen. Das kann auf Dauer zu Sturheit führen, was automatisch Unglück heraufbeschwören könnte. Deshalb ist der Schwarze Diamant mit Vorsicht zu genießen.

Falkenauge

Ein edler Vertreter der Quarzfamilie, der ins Auge fällt. Dunkel und opak schillert das Falkenauge und lässt die Streifungen seidig glänzen.

Energien

Das Falkenauge ist ein hervorragender Schutz- und Meditationsstein. Für eine zusätzliche Erdung, diesen Stein auf das Basis-Chakra und den Oberschenkel-Neben-Chakren aufzulegen. Als Meditations-Medium eignet sich das Falkenauge vor allem, wenn Sie Dingen, die Sie schon lange beschäftigen mal auf den Grund gehen wollen. Er verhilft zu einer gelassenen, distanzierten Sichtweise.

Girasol

Er wird auch Wasseropal genannt und ist in seinem Aussehen eindeutig der Familie der Opale zuzuordnen. Der Girasol ist transparent bis durchsichtig und hat einen wunderschön feinen silbrigen Glanz. Häufig sind sehr edle Exemplare zu finden, die keine Einschlüsse aufweisen.

Energien

Der Girasol ist ein Koordinator. Dazu spendet er noch vitalisierende Energien. Dieser Stein sollte vor allem von Menschen getragen (und beachtet) werden, die körperlich schwer arbeiten müssen oder viel Sport treiben. Denn der Girasol hilft, die Bewegungsabläufe zu optimieren. So wird die Muskulatur (und damit auch die Knochen, Sehnen und Bandscheiben) nicht überstrapaziert. Er wirkt auch vorbeugend gegen Muskelverspannungen. Hat sich wegen total ungewohnter Belastung dann doch einmal der Muskelkater eingestellt, hilft ein heißes Bad mit Girasol-Elixier. Seinen entgiftenden und entsäuernden Effekt zeigt der Girasol auch im Bereich der Lymphe und des Blutes. Außerdem hilft der Girasol bei trockener Haut, spröden Lippen und reduzierter Augenflüssigkeit. Mental wirkt der Girasol aufheiternd. Sein Träger ist neugierig und bereit für Veränderungen. Optimal also als Begleiter auf Reisen. Außerdem stimmt dieser Stein versöhnlich und leicht aphrodisierend. Mit ihm können Streitigkeiten schneller beigelegt werden.

Jade

Mit diesem Stein wird immer sofort die Farbe grün verbunden. Aber Jade kommt auch in weiß, gelb, rosa, braun, violett und schwarz vor. Jade ist opak und schimmert matt, kann auch Streifen und Flecken aufweisen.

Energien

Vor allem in Osten und Asien gilt Jade seit altersher als Schutzstein und Kräftespender. In China wurden kleine geschnitzte Jadefiguren am Gürtel getragen. Sie sollten Glück bringen. Die Schwingungen von Jade sind sehr fein – aber durchdringend. Sie strahlen unentwegt heilende Kräfte aus. Jade sorgt in unserem Gefühlsleben für Frieden und Harmonie, verhilft Bande der Liebe zu festigen oder zu erneuern. Daher eignet sich Jade hervorragend zur Meditation und für Autogenes Training. Aber auch für einen ruhigen, tiefen Schlaf. Vor allem, wenn Sie von Alpträumen geplagt werden (gilt auch für Kinder), einen Jadestein unter das Kopfkissen legen.

Auf das Herz-Chakra aufgelegt, hilft Jade gegen Schwellungen und Stauungen in dem Brustbereich. Gleiches gilt auch für den Bauchraum. Außerdem senken die Energien von Jade Fieber, wirken entgiftend und magenfördernd. Bei Blähungen und Darmkuren Jadesteine auf den Bauchraum auflegen. Gelbe Jade hilft bei Nervosität und innerer Unruhe. Wenn die Nerven sozusagen blank liegen. Aber auch aufbauend bei Harnweginfektionen.

Jaspis

Seine Erscheinungsform ist vielfältig. Dieser Stein ist opak, der in allen Schattierungen von Gelb, Grün, Rotbraun und Schwarz vorkommen kann. Häufig ist der Jaspis interessant gemustert, was von den verschiedenen Beimischungen stammt.

Energien

Der Jaspis wird dem Basis-Chakra zugeordnet, dem untersten Energiezentrum. Er verbindet mit der elementaren Kraft den Körper zur Erde. Im allgemeinen wirken diese Steine zudem entgiftend und schützend. Als Talisman macht der Jaspis mutig und durchsetzungsfähig. Allerdings nicht auf die polterige Art, sodass man sich angespornt vom Jaspis auch keine Feinde schafft. In Peru wird der Jaspis als Schutz vor Hexen getragen. Wenn er in dieser Funktion negative Energien aufgesogen hat, verliert er seinen Glanz und wird trübe.

Vor allem der rote Jaspis hilft bei Geburten und Erkrankungen der Gebärmutter und der Eileiter, selbst wenn diese psychosomatisch sind. Seine Energien wirken blutbildend und aufbauend. Wählen Sie ein geschliffenes Exemplar, dass sich in der Hand gut anfühlt und „schmeichelt".

Grüner Jaspis hat einen wohltuenden, beruhigenden Einfluss, er spendet neue Lebensfreude. Gelber Jaspis wird bei Leiden von Darm, Leber, Galle, Nieren und Blase eingesetzt.

Karneol

Genau genommen ist Karneol die „rote“ Variante des Chalzedons. Dabei handelt es sich nicht um eine knallige rote Färbung, sondern der Karneol ist ein rötlich brauner Stein, häufig schwach transparent und mit schwarzen Streifen, Flecken oder Linien versehen.

Energien

Der Karneol ist ein Vitalitätsspender, wie er im Buche steht. Er weckt neue Lebenskräfte und unsere Gefühlswelt erlebt durch seine Energien einen neuen Kick Kreativität, Einfallsreichtum und Sinnlichkeit. Unsere Gedanken werden mit Menschlichkeit und Wärme gefüllt, wir denken freier und tun uns leichter alles einmal von einer anderen Warte aus zu betrachten. Die Schwingungen des Karneols bringen den Körper für die Nahrungsaufnahme und -verwertung in Schwung. Auf das Milz-Chakra aufgelegt, wirkt der Karneol am intensivsten. Der Karneol ist gleichfalls zum erden geeignet. Diese Funktion übt er still und sanft aus.

Schon die Ägypter und Babylonier schätzten den Karneol sehr. Als Schutzstein verleiht er dem Träger ein grundsätzliches Wohlbefinden, ohne auf eine besondere Art und Weise pushend zu wirken. Wer unter nächtlichem Schwitzen leidet, sollte den Stein auch beim Schlafen nicht ablegen. Nasse Pyjamas und Nachthemden am Morgen gehören dann der Vergangenheit an.

Kieselstein

Diese Steine sind bei jedem Strandspaziergang zuhauf zufinden: verkieselter Quarz, in vielen verschiedenen Farbvariationen, opak, häufig mit andersfarbigen Streifungen und Sprenkeln.

Energien

Der Kieselstein besitzt kraftvolle Energien. Aufgrund seines häufigen Vorkommens – wir können ihn kostenlos (!) auf Wanderungen auflesen – wird der Kieselstein oder auch Flusskiesel in seiner Heilwirkung unterschätzt. Dieser „einfache" Stein ist ein sehr guter Schutz- und Bannstein. Vor allem Exemplare, die mit Quarz- oder Granitadern durchwirkt sind, können als Ergänzungssteine in jedem Schutzkreis oder Kraftfeld hervorragend eingesetzt werden. Sie spenden eine Extra-Portion Energie. Als ständiger Begleiter (in der Hosen oder Westentasche) sind Kieselsteine kleine „große" Seelentröster. Sie lindern Schmerz und Traurigkeit. (Diesen Stein in die Hand zu nehmen, gibt einem ein tröstliches Gefühl).

Für Frauen, die gegen Bulimie und Magersucht kämpfen, sind Kieselsteine ausgezeichnete Wegbegleiter. Sie stoppen alle „unstillbaren" Gelüste (auch bei zu intensivem Liebeskummer). Sie bringen Appetit und Hunger wieder ins Gleichgewicht. Dafür sind weiße Steine mit roten Einschlüssen oder umgekehrt am wirkungsvollsten. Einfarbig schwarze Steine helfen bei überstrapazierten Nerven.

Koralle

Ihre Erscheinungsform reicht von Weiß mit zartrosa Flecken über Rosa, Lachsfarben, Dunkelrot bis hin zu Schwarz. Koralle wächst auf Riffen und Bänken in den Tiefen des Meeres und besteht aus den Skeletten und Ausscheidungen kleiner kalkabscheidenden Blumentieren.

Energien

Korallen sind organisch gewachsen und ein Geschenk des Meeres. Diese Kräfte der Tiefe, Stille, Ausdauer, Bewegung, Schönheit und Reinheit strahlt dieser Schmuckstein aus. Korallen stärken unseren inneren Motor und helfen dem Körper Energiereserven anzulegen.

Weiße Koralle unterstützen den Reinigungsprozess der Seele, bewirken, dass wir Gefühle wie Neid, Eifersucht, Habgier und Missgunst leichter abstreifen können. Sie wirken auf köperlicher Ebene knochenaufbauend. Rosa Koralle schärft unsere Wahrnehmung für alles Schöne – optisch, akustisch, haptisch. Idealer Schmuck für einen festlichen Abend in der Oper. Aber auch den Alltag verschönt die rosa Koralle, da wir uns über viele Kleinigkeiten von Herzen freuen können. Rote Koralle stärkt die Herztätigkeit, wirkt außerdem blutbildend und fördert das Funktionieren des Blutkreislaufes allgemein. Gleichfalls wirkt die rote Koralle bei Verschleißerscheinungen der Knochen und bei der Osteoporose.

Lapislazuli

Dieser Stein ist undurchsichtig von tief königsblauer Farbe. Häufig mit goldenen Sprenkeln versehen. Für Therapien und Meditationen nur „reine“ Exemplare verwenden. Lapislazuli, der mit Grau durchzogen ist, mindert den Heilerfolg. Am meisten Energie schenken die kostbaren dunkelblauen Steinen mit Pyriteinschlüssen (goldene Pünktchen).

Energien

Der Lapislazuli spornt zu hohem Idealismus an und verbindet uns mit dem was wir lieben und verehren. Die Farbe mit den funkelnden Goldpunkten erinnert an das Firmament, das uns ein Gefühl von Geborgenheit im Kosmos vermittelt. Der Lapislazuli ist ein guter Meditationsstein, der das Erkennen und sortieren der eigenen Gedanken- und Gefühlswelt unterstützt. Mit dem Lapislazuli lernen wir dann, uns von allem zu lösen, was uns an der Erfüllung des eigenen Ichs hindert.

Auf körperlicher Ebene wirkt der Lapislazuli stark lindernd und läuternd. Auf das Kehl-Chakra aufgelegt, hilft er bei Heiserkeit, Halsschmerzen, Räusperzwang und anderen Beschwerden, die in diesem Bereich entstehen können. Gleichfalls ein guter Helfer ist der Lapislazuli bei Schwellungen und Entzündungen. Dafür den Stein lokal auflegen.

Malachit

Er ist ein opaker, smaragdgrüner Steine von smaragdgrüner Farbe. Oft ist der Malachit von schwarzgrünen Streifen oder kringel- und spiralförmigen Mustern durchzogen. Oft wirken diese dunklen Ornamente wie Augen.

Energien

Das Farbenspiel der Grüntöne deutet auf seine Wirkung hin. Der Malachit symbolisiert Kreativität und Veränderung, die Polarität der Kraft der Liebe. Dieser Stein regt unsere Nächstenliebe an, nährt das Verständnis für die Fehler und Macken der anderen – aber auch unsere eigenen Schwächen fördert er „unbarmherzig“ an die Oberfläche. Auf der anderen Seite macht der Malachit versöhnlich, lässt uns erkennen, dass nicht alle misslichen Umstände nur von den Aktivitäten der anderen verursacht wurden, sondern auch wir mit unseren Handlungen ein Teil der Umwelt sind. Der Malachit ist ein Antreiber, bringt gestaute und stockende Energie wieder zum Fließen. Bewährt hat er sich auch zur Heilung und Entgiftung der Leber. Bei anderen Organen ist er als Analyst zu gebrauchen. Der Malachit zeigt deutlich an, wo etwas nicht ganz in Ordnung ist.

Zusammen mit Jaspis kräftig der Malachit das Bindegewebe, im Schulterschluss mit den „Heilern“ Bernstein und Citrin hilft er bei diffusen Magen-Darm-Beschwerden.

Mondstein

Schon in der alten indischen Kultur genoss der Mondstein hohes Ansehen. Schnitzereien an Tempeltüren und heilige Gegenstände wurden mit ihm geschmückt. Der Mondstein ist milchig weiß bis zartgelb oder leicht rosa, oft mit einem feinen bläulichen Schimmer.

Energien

Der Mondstein wirkt auf den weiblichen Aspekt in unserer Gefühlswelt. Er vermittelt eine wohltuend ruhige und geschmeidige Beweglichkeit in unserem Denken aber auch Handeln. Außerdem sensibilisiert er uns für unsere eigene Intuition. Frauen, die sehr burschikos „gestrickt" sind, können mit Hilfe des Mondsteins einen klareren Zugang zu ihrer Weiblichkeit finden. Mondstein kann auch bei Männern eingesetzt werden, die Schwierigkeiten haben, sich emotional zu öffnen. Mondsteine müssen regelmäßig mit Mondlicht aufgeladen werden. Dann erst können sie ihre volle Wirkung entfalten. Mondstein hilft die Körpersäfte, vor allem aber den Lymphfluss zu regulieren. Auch Unregelmäßigkeiten im Menstruationszyklus kann der Mondstein beseitigen.

Vor Vollmond sollten sich Frauen allerdings ein bisschen vom Mondstein distanzieren. Wegen des Mondstandes so und so schon deutlich sensibler gestimmt, droht empfindsamen Gemütern sonst eine Reizüberflutung.

Moqui Marble

Dieser Stein kommt meist im Doppelpack daher. Allerdings nicht als Zwillingspärchen, sondern als Männlein und Weiblein. Der Moqui Marble ist ein rotbrauner Stein mit einem Hauch ins Lila. Er ist opak und die männlichen Vertreter ziert ein kreisrunder Streifen längs des Außenrandes der oft abgeflachten Kugel. Moqui Marble-Exemplare werden in unterschiedlichen Größen angeboten. Sie reichen vom Umfang einer Walnuss bis hin zu kleinen Bällen.

Energien

Am wirkungsvollsten entfaltet der Moqui Marble seine Schwingungen bei totalen Erschöpfungszuständen, die oft mit Mut- und Ratlosigkeit sowie Schlafstörungen einhergehen. Er spendet neue Lebensenergie, hilft, bittere Erlebnisse zu verarbeiten und vergessen zu können. Außerdem schenkt er Zuversicht und stärkt das Selbstbewusstsein. Die positiven Schwingungen werden nach außen getragen. Dem Träger eines Moqui Marble fliegen die Sympathien anderer Menschen zu, er kommt dadurch schneller in Kontakt mit ihnen. Damit wird der Teufelskreis durchbrochen, in den man in absoluten Tiefs schnell hereinrutscht: Schlapp, müde und mutlos zieht man sich ins Schneckenhaus zurück und rutscht noch tiefer in das mentale Loch. Moqui Marble galten in der indianischen Kultur unter anderem als Glücksbringer, der negative Einflüsse von aussen abschirmt.

Muscheln

Bei den Hüllen der Muscheltieren, die in den unterschiedlichsten Formen, Farben und Ausprägungen am Strand zu finden sind, sollten Sie sich ganz individuell von Ihrem persönlichem Geschmack leiten lassen, auflesen was gefällt und mit nach Hause nehmen.

Energien

Muscheln schmeicheln insgesamt der Seele. Sie stimmen freundlich und sanft. Wer schüchtern ist, sollte einen Muschelanhänger tragen, dann fällt das kontakten leichter.

Muscheln helfen vorbeugend gegen Sodbrennen und Gastritis, sind Stress-Blocker. Außerdem wirken sie knochenaufbauend und stabilisierend.

Onyx

Der Onyx kommt meist als schwarzer oder weißer, opaker Stein vor. Für den Einsat von energetischen Schwingungen werden die schwarzen Exemplare bevorzugt. Häufig sind die schwarzen, matten Steine mit weißen Streifen durchzogen. Dann werden sie Sardonyx genannt (Da der Onyx generell ein weicher Stein ist, eignet er sich ausgezeichnet für Schnitzereien und ist als kunstvoll gefertigter Schmuckstein häufig im Handel zu finden.

Energien

Der Onyx gilt auf geistiger Ebene als der höchste Meister für das Ich. Er hält zu Disziplin und bedächtigem Handeln an. Durch seinen Einfluss findet der Geist den Weg zur Erleuchtung. Onyx stabilisiert und ist daher mit seiner antidepressiven Wirkung als wichtiger Helfer nach Krankheiten oder kummervollen Erlebnissen zu betrachten.

Aber auch für alle Menschen (fast) unentbehrlich, die sich gerne von ihren Gefühlen in die Irre lenken lassen und sich oftmals übernehmen. Der Onyx kann gleichzeitig negative Energien absorbieren und positive Energien geben – allerding ist das nicht von Dauer, sondern muss regelmäßig wiederholt werden.

Der Sardonyx wirkt ähnlich wie der Onyx, hat aber noch eine wichtige Eigenschaft zusätzlich. Er hält Kälte, Strenge, Geiz und Hinterhältigkeit fern.

Opal

Dieser Edelstein ist der wohl vielfältigste. Er kommt in den schillerndsten Farben vor – wirklich allen. Der Opal deckt das ganze Spektrum ab, von leicht transparent über milchig weiß bis hin zu in allen Regenbogenfarben leuchtend, opak und schwarz.

Energien

Der Opal ist ein totaler Gefühlsverstärker und Generalist. Man solle ihn lieber nicht auflegen, wenn es einem schlecht geht. Er zeigt uns die Vielfalt des Lebens auf, seine Energien können genutzt werden, um die höchste spirituelle Ebene zu erlangen. Seine Schwingungen sind äußerst intensiv und je nach Farbgebung unterschiedlich. Allgemein kann man sagen, dass Opale Geist und Gefühle anregen. Der Feueropal (orange und glasig schimmernd) ist ein Unruhegeist. Er steigert die Unternehmungslust, macht mutig. Vor allem, wenn man ihn auf das Basis-Chakra auflegt. Mit seinen temperamentvollen Schwingungen verleiht er den Trägern die Kraft, dem Gegenüber die universelle Kraft der Liebe näher zu bringen. Der weiße Opal, der erst beim Drehen im Licht seine funkelnden farbigen Reflexe zeigt, ist der Sanfte. Er beruhigt das Gemüt, hilft aber gleichzeitig sich von negativen Gedanken zu befreien und bringen uns der Vollkommenheit des Geistes näher.

Tipp: Tragen Sie Opale nie mit anderen Steinen zusammen – immer nur allein.

Perlen

Meist erbsengroße, kugelige bis birnenförmige Perlmuttbrocken. Perlen haben oft eine unregelmäßige Oberfläche, sind silbrig weiß und undurchsichtig. Nur die Natur-Perlen besitzen die vollen Kräfte, die sie durch ihr Entstehen entwickeln. Zuchtperlen sind zum Heilen total ungeeignet.

Energien

Ihre Entstehungsgeschichte allein verrät schon etwas über die Energien der Perle. Ein Sandkorn oder anderer Fremdkörper dringt zwischen Schale und Mantel der Muscheln. Dort lagert sich dann, langsam Schicht für Schicht Perlmutt an. Perlen vermitteln uns das Gefühl von Geborgenheit. Wir werden so wie wir sind angenommen – egal ob wir uns selbst vielleicht als „Fremdköper" in unserem Umfeld sehen. Perlen helfen auf das Kehl-Chakra aufgelegt (immer mehrere, nicht nur eine einzige Perle), mit sich selbst ins Reine zu kommen. Die Gefühls- und Gedankenwelt wird geordnet. Dabei lassen sich manchmal Konfrontationen mit schmerzlichen Erlebnissen aus der Vergangenheit nicht verhindern. Doch durch die Schwingungen der Perle können wir mit Sanftmut und Weisheit auf diese „alten" Gefühle reagieren. Perlen werden auch zur Unterstützung von Reinigungs- und Ausscheidungsprozessen eingesetzt. Regelmäßiges Tragen von Perlenketten verschönern das Hautbild und kräftigen die Wirbelsäule.

Quarz-Katzenauge

Dieser Stein wird am häufigsten in zwei Farbkombinationen angeboten: grau mit silbrig weißen Streifen (quer) und hellbraun mit gelblichen Streifungen. Beide Varianten sind opak und die Bänderungen schillern chayotierend.

Energien

Das Quarz-Katzenauge sorgt für den gleichmäßigen Fluss von Heilenergien in der Aura von Patienten. Daher ist es ein wertvoller Helfer bei allen Arten von Behandlungen, in denen heilende Steinschwingungen in die Aura eingespeist werden sollen. Auch verstärkt dieser Stein die medialen Kräfte. Bei Meditationen kristallisieren sich Visionen deutlicher heraus. Die Ursachen und Quellen für Negativeinflüsse können klarer erkannt werden. Die Schwingungen des Quarz-Katzenauges wärmen. Es besitzt ein großes Potential an roter Farbenergie, die diesen Effekt auslösen. Vor allem Menschen, die aufgrund ihrer Statur (sehr schlank) und ihres niedrigen Blutdruckes (starke Kreislaufschwankungen) schnell und oft friere, können diese Stein als Heizung in Mini-Format nutzen. Wer das Quarz-Katzenauge über längere Zeit regelmäßig trägt, wird merken, dass sich das Kälteempfinden auf Normalmaß einpendelt.

Als Glücksstein ist das Quarz-Katzenauge dafür zuständig, dass man stets genug Geld in der Tasche (oder auf der Bank) hat und in geschäftlichen Verhandlungen erfolgreich ist.

Rauchquarz

Die Variationen dieses Vertreters der Quarze reichen von zart braun und transparent bis zu tiefdunkelbraun. Der im Grunde vorliegende Bergkristall wurde im Laufe der Jahre seines Entstehens durch verschiedene Strahlungen und Fremdeinflüsse gefärbt. Schwarze Exemplare heißen Morion.

Energien

Rauchquarz ist ein wichtiger Stein. Er hat vielfältige Einsatzbereiche. Der Rauchquarz wird zum Erden verwandt, ist ein wichtiger „Baustein“ von Kraftfeldern. Mit Exemplaren, die spitz zulaufenden Enden haben, können Energien umgeleitet oder ausgelöscht werden. Der Rauchquarz ist sozusagen ein flexibel einsetzbarer „Handlanger“ und Schlichter.

Denn er dämpft allzu temperamentvolle Schwingungen anderer Steine, kann helfen die Energien zu leiten, zu fixieren, damit sie für den Körper besser aufzunehmen sind. Rauchquarz hat sich mit seinen Energien ausgezeichnet bei der Behandlung von Strahlenschädigungen. Da wir in der heutigen Zeit einer enormen Mengen von unterschiedlichen Strahlungen (UV, Elektrosmog) ausgesetzt sind, kann die Energie des Rauchquarzes als eine Art Schutzpanzer angesehen werden. Aber auch nach Operationen von strahlungsbedingten Krankheiten (z. B. Hautkrebs) hilf der Rauchquarz. Er unterstützt den Heilprozess vehement und glättet das Narbengewebe.

Rosenquarz

Dieser Stein ist ein beliebter Schmuckstein, der sich in trübem lichtrosa bis schwach violetter Farbe zeigt. Auf jeden Fall weisen Rosenquarze weißliche Farbabstufungen auf (durch die unterschiedliche Intensität der Färbung durch den Mangangehalt). Der Rosenquarz wird auch künstlich hergestellt (durch Eisenoxid), dann besitzt er aber nicht mehr die Heilwirkung, die ein natürlich entstandener Stein hat.

Energien

Der Rosenquarz wird in der Regel für die Auflagen auf das Herz-Chakra verwendet. Sowohl mental als auch körperlich vermindert der Rosenquarz Herzensleid. Er spendet Trost, schenkt Geborgenheit macht gleichzeitig aber auch Mut auszusprechen, was die Seele belastet und aktiv dagegen anzugehen. Wer in Zwist lebt, findet durch den Rosenquarz die Gelasseneheit und Ruhe, dem anderen endlich zu verzeihen. Dann steht einem Neuanfang nichts mehr im Wege. Wird der Rosenquarz zusammen mit anderen Steinen eingesetzt, sorgt er für Harmonie untereinander. Er ist der Friedensstifter und kappt zu intensive und radiakale Strömungen und Schwingungen. Wenn Sie eine romantische Liebesnacht erwarten (oder wünschen), dann sollten Sie ein paar Tropfen von Rosenquarz-Essenz ins Badewasser geben. Die Haut wird streichelweich und die Sinne werden sanft zur zärtlichen und sinnlichen Liebe stimuliert.

Rubin

Die tiefe, dunkelrote Färbung hat der Rubin von Chromoxid, das dem Korund beigemengt ist. In der indischen Lehre wird der Rubin als Sonnenstein betrachtet.

Energien

Der Rubin ist das Symbol der universellen Liebe. Seine Energien werden zumeist am Basis-Chakra eingesetzt, da die Schwingungen eine harmonische Verbindung zu körperlicher und geistiger Liebe herstellen und uns höhere Ideal anstreben lässt. Durch den Einfluss des Rubins, kann in der Partnerschaft die Intensität deutlich gesteigert werden. Der Rubin heizt die Emotionen auf und fördert die Lust. Aber auch Freiräume werden besser erkannt und gelebt (Toleranz für beide Seiten). Beste Voraussetzungen also, um neuen Schwung in die Zweisamkeit zu bringen.

Dieser Edelstein strahlt positive Lebensenergien aus, er mobilisiert den gesamten Blutkreislauf und wirkt wärmend. Der Rubin kann eingesetzt werden, wenn künstliches Fieber erzeugt werden soll. Dafür sollte der edle Stein auf das Herz-Chakra aufgelegt werden. Mit dieser Prozedur kann auch die Kondition gestärkt werden, der Körper legt mit Hilfe der Energien des Rubins Reservedepots an. Der Rubin hilft auch bei Anämie, da er stark blutbildend wirkt. Gleichzeitig steigert dieser glutrote Edelstein den Appetit.

Saphir

Ein in vielfältigen Blautönen strahlender Stein- von transparenten Hellblau über sattes Kornblumenblau bis hin zu ganz dunklen, blaugrauen Schattierungen. Der Saphir ist ein von Eisen oder Titanoxid gefärbter Korund. Es gibt ihn aber auch in weißlicher, gelblicher und rosa Färbung.

Energien

Der Saphir gilt als „der" Stein der mentalen Reinigung und Regeneration, das Sinnbild für Weisheit. Die blauen Farbschwingungen stärken den Glauben und lehren uns, der höheren göttlichen Macht zu vertrauen, die unsere Geschicke im weltlichen lenkt. Er fordert auf, das eigene Leben in Einklang mit dieser höheren Ebene zu bringen. Der Saphir ist ein guter Meditationsstein und begünstigt dabei klärende Gedanken. Daher ist er gut geeignet nach Trennungen oder Situationen, in denen eine große Wende im Leben ansteht. Entscheidungen werden mit abgeklärtem Verstand getroffen, und mutig und beherzt angegangen.

Der blaue Saphir wird meist auf dem Kehl-Chakra eingesetzt, wo er hilft, Blockaden abzubauen, die von verdrängten Erlebnissen („verschluckten Worten") herrühren. Bei körperlichen Beschwerden wie Asthma, Rheuma, Gicht aber auch Magen- und Nervenschmerzen kann der Saphir als Helfer eingesetzt werden.

Smaragd

Ein durch Chromtrioxid grün gefärbter Beryll. Smaragde variieren von trübe bis transparent in vielen Grünabstufungen.

Energien

Der Smaragd strahlt mit seinem grünen Licht ohne Unterlass Schwingungen, die saft heilend sind und Ausgeglichenheit schenken. Dieser Edelstein ist sanftmütig und einfühlsam, seine Energien spenden Harmonie und Frieden. Er wird auch als Göttin unter den Edelsteinen bezeichnet. Bei Meditationen wird der Smaragd entweder in die Hand genommen oder auf das Herz gelegt. Bei der Sinneswanderung sollten sich die Gedanken auf die Natur konzentrieren. Die Sitzung wird einen intensiv die Verbundenheit zu den Pflanzen spüren lassen. Der Mensch als Teil eines göttlichen Ganzen. Für die emotionale Ebene sollten klare, helle Steine gewählt werden, für die Behandlung von körperlichen Beschwerden sind opake Smaragde vorzuziehen. Seit altersher werden dem grünen Edelstein Heilkräfte im Bereich der Augen nachgesagt. Bei Entzündungen oder Erschöpfungszuständen der Sehorgane, empfiehlt sich Smaragd-Wasser. Bei Schlafstörungen einen Stein unter das Kopfkissen legen und Smaragd-Essenz trinken.

Der Smaragd sollte nur allein oder mit einem Diamant getragen werden. Sonst vermindert sich die Kraft des Smaragdes oder wir ganz eliminiert.

Tigerauge

Eine goldgelber bis goldbrauner, feinfaseriger (gestreift) Stein aus der Sippe der Quarze. Polierte Steine zeigen an der Oberfläche einen wandernden Lichtschimmer. Bruchflächen glänzen seidig.

Energien

Allgemein betrachtet gehört das Tigerauge zu jenen Steinen, die den Körper insgesamt vitalisieren und aufbauen. Im Speziellen kräftigen die Energien des Tigerauges vor allem die Lunge, das Herz und alle Organe im Bauchraum. Auf das Solarplexus- und Herz-Chakra aufgelegt, „lockt" das Tigerauge Kräfte an, die er auch gleich wieder in diesen Bereichen abgibt. Das Tigerauge verscheucht trübe Gedanken, stimmt die Gedanken positiv. In Kombination mit den eingespeisten Kräften stärkt dies das Selbstvertrauen und gibt Mut, neue Vorhaben motiviert und optimistisch anzugehen. Ausgezeichnete auch als Schutzstein geeignet. Am besten einen Donut als Anhänger tragen. Die Schwingungen bewahren uns vor „Überanstrengung". Es wird nicht mehr Energie abgegeben als zu angelockt.

Das Rote Tigerauge (auch Ochsenauge genannt) ist mittel- bis dunkelrot und schillert in allen Regenbogenfarben. Dieser Stein wird erfolgreich bei allgemeiner Abgeschlagenheit eingesetzt. Er kurbelt außerdem den Appetit auf lauter gesunde Sachen wie Salate, Gemüse und Obst an.

Topas

Gemeint ist hier der Edel-Topas, der goldgelb und transparent ist. Dieser Stein, wie auch die Varietäten sind oft in Drusen ausgewachsen. Topas kommt auch als farbloses, meerblaues aber auch als rosafarbenes, gelbrotes oder rosenrotes gefärbtes Mineral vor.

Energien

Der goldgelbe Topas schenkt gleißendes Licht wie die Sonne und füllt die Aura mit sonnengelber Energie. Er inspiriert zu höherem Denken und Fühlen, aktiviert das Bewusstsein, fördert die Wachheit, die Klarheit, die Konzentration und die Kreativität. Durch seine Energien wird die Unwichtigkeit der Materie und das ewige Bestehen des Geistes deutlich ins Bewusstsein gerückt. Die Schwingungen des Topas stärken den ganzen Körper. Sie wirken beruhigend und ausgleichend auf das Nervensystem (auf das Solarplexus-Chakra auflegen). Der Topas ist daher ein ausgezeichneter Helfer beim Burn-out-Syndrom und bei (drohenden) Nervenzusammenbrüchen. Auch bei akuten Schockzuständen hilft dieser Stein. Bei Auflagen auf das Herz-Chakra schenkt der Topas Zuversicht und neuen Lebensmut.

Der blaue Topas (Kehl- und Stirn-Chakra) unterstützt besonders wirkungsvoll die Konzentration, hilft die Ursachen eines Problems zu erkennen. Der weiße Topas wirkt allgemein anregend, wirkt stärkend auf das Nervensystem.

Türkis

Ein beliebter Schmuckstein, wachsglänzend und opak, blau bis blaugrün, häufig mit ädrigen schwarzen Streifen durchzogen.

Energien

In vielen Kulturen wurde (wird) der Türkis als heiliger Stein gehandelt. Er ist ein starker Schutzstein, der Glück und Erfolg bringen soll. In Ringe und kunstvolle Haarreifen eingesetzt, war (ist) er vor allem bei Frauen beliebt. Der Türkis soll vor Verwünschungen, Flüchen, schwarzer Magie und Neidern schützen. Er schirmt seinen Träger mit einem unsichtbaren Schild ab. Außerdem verleiht der Türkis seinem Besitzer die Fähigkeit machtvolle Worte zu sprechen und bewahrt ihn vor unberechtigter Kritik und Angriffen. Insgesamt dient der Türkis nach altem Glauben als „Wallanlage“ gegen negativen Empfindungen. Die Farbe und der Glanz des Türkis verändert sich, wenn dem Besitzer Unheil bevorsteht oder Krankheiten im Anmarsch sind. Wird die Belastung zu groß, zerspringt er.

Auf der körperlichen Ebene wirkt der Türkis entschlackend, hilft bei Übersäuerung. Daher wird dieser Stein bei der Behandlung von Krankheiten wie Gicht, Rheuma oder Nierenunterfunktion oft verwendet – mit Erfolg. Bei einem wunden Gefühl im Hals, kann der Türkis ebenfalls Linderung verschaffen. Heilerfolge zeigen Auflagen mit Türkis gleichfalls bei Leberbeschwerden. Er zieht die Giftstoffe aus dem Organ.

Zirkon

Meist sind Zirkone als kleine Trommelsteine in Geschäften zu finden, die leicht durchscheinend in einem sanften Braunton schimmern. Nur seltener werden Zirkone als transparente Exemplare in leuchtendem gelbgrün, rosa, gelb oder blau angeboten.

Energien

Trägern von Zirkonen wird ein hoher Grad an sozialem Verhalten nachgesagt. Wohl nicht ganz zu Unrecht. Denn die Ruhe und Gelassenheit, die dieser Stein auf seinen Besitzer niederschlägt, strahlt auch auf Menschen, denen er begegnet. Harmonie und Frieden bestimmen das Klima solcher menschlichen Begegnungen. Außerdem machen die Energien des Zirkons einsichtiger und verständnisvoller. Nicht nur für die Belange anderer Menschen, sondern auch für die eigene Gedanken- und Gefühlswelt. Eine weitere Eingenschaft der Schwingungen dieses Steines ist die Fähigkeit, durch sie besser abstrahieren zu können. Das kann vor allem in schwierigen, unübersichtlichen Situationen aber auch beim Lernen sehr von Vorteil sein.

Mental überbringt die Energie des Zirkons die Botschaft, in einer höheren Ordnung eingebettet zu sein. Auf körperlicher Ebene hilft der Zirkon bei Krämpfen und ist bei heftigen Menstruationsbeschwerden ein segensreicher Helfer.

Auch Ihre Aura will verwöhnt werden

Neben dem physischen Körper besitzt der Mensch andere, feinstoffliche Hüllen, die ihn umgeben: die sogenannte Aura. Sie besteht aus sieben verschiedenen Licht-Bändern. Die Aura repräsentiert den Kern den menschlichen Lebens, die Person in ihrer Gesamtheit: Charakter, Gefühle, Gedanken, Gesundheit und mentale Entwicklungsstufe. Die sieben Aura-Ebenen sollte man sich nicht als „feste“ Schalen, wie bei einer Zwiebel vorstellen. Sie umfließen den festen Körper und durchdringen sich gegenseitig. Die Aura ist weder mit Augen, Händen oder Ohren wahrnehmbar. Auch kann man sie nicht schmecken oder riechen. Daher tut sich die Wissenschaft auch schwer damit, sie mit herkömmlichen Methoden nachzuweisen.

Einzig mit der Kirlian-Fotografie konnte die Strahlenenergie bislang aufgezeigt werden. Der Ätherkörper umgibt den physischen „Kern“ mit einer ein bis zwei Zentimeter dicken „Hülle“. Diese kann mit der Kirlian-Fotografie dokumentiert werden. Heilpraktiker, die sich auf diese Diagnose-Art verlegt haben, können anhand spezieller Fotos von Händen und Füßen Löcher in der Aura erkennen, aber auch andere Unterversorgungen oder Mangelerscheinungen von Organen aufspüren.

1. Physischer Kern

Der Körper, wie wir ihn anfassen und fühlen können, er ist der sichtbare Teil des Menschen.

2. Äther-Ebene

Dem Ätherkörper wird Vitalität und Lebensenergie zugeordnet. Er „funktioniert" ebenso mit allen Sinneseindrücken wie der grobstoffliche, physische Körper, nur dass er eine feinstoffliche Struktur besitzt.

3. Astral-Ebene

In diesem Bereich befinden sich die Gefühle und Triebe. Liebe, Leidenschaft und Begierden werden aus dieser Ebene gesteuert.

4. Mental-Ebene

Dieser Körper wird unterschieden in niedere und höhere Mental-Ebene. Der Mental-Körper ist Heimat der Gedanken, ihren Erfahrungen vergangener Leben und des jetzigen Seins.

5. Spirituell-kausale Ebene

Hier ist die Seele „zu Hause". In diesem Bereich befindet sich nach alten Lehren das unsterbliche Ich eines Menschen, das in den unterschiedlichen Reinkarnations-Stufen wiederkehrt.

6. Intuitions-Ebene

Der Bereich des höheren Selbst, wo göttliche Kräfte auf das Ego wirken.

7. absolute Ebene

Dieser Körper beheimatet das göttliche Bewusstsein eines Menschen. Verbindung zum Universum.

Die sieben Aura-Körper lassen sich hernach in drei Kategorien unterteilen. Die sichtbare mit dem physischen Körper (Gesundheit), der feinstofflichen mit dem Ätherkörper (Lebensenergie), dem Astralkörper (Gefühle, Triebe) und Mentalkörper (Gedanken) sowie der geistigen Kategorie mit der spirituell-kausalen Ebene, der Intuitions-Ebene und der absoluten Ebene.

Alle dieser Aura-Schichten umgeben uns wie ein wabernder Nebel. Sie sind nicht klar voneinander abgegrenzt, sondern fließen ineinander. Dabei kann es durchaus vorkommen, das eines der Lichtbänder mal stärker oder mal schwächer vertreten ist. Da wir von unserer Umwelt und damit den Auren der uns umgebenden Dinge und der Natur (Erde, Sonne, Mond) beeinflusst werden, ist die Harmonisierung unserer persönlichen Aura wichtig, um negative Einflüsse abwehren zu können.

Die sieben Haupt-Chakren und ihre Farben

Chakren sind Tore für die Energie, die dem Körper auf körperlicher, geistiger und feinstofflicher Ebene zugeführt werden. Durch diese werden die Strahlungen und Energien an die umliegenden Organe weitergeleitet. Auflagen auf zum Beispiel dem vierten Chakra wirken auf das das Herz und Umgebung. Alle Chakren befinden sich im Ätherkörper, gleichwohl leiten sie von dort aus die empfangenen Schwingungen auch an den physischen Körper weiter. Sie sind sozusagen Empfänger und Verteiler für alle positiven aber auch negativen Schwingungen, die uns umgeben.

Unser Wohlbefinden hängt stark von der uns umgebenden Atmosphäre ab. Die Schwingungen von Heilsteinen, die negative Einflüsse absorbieren und heilende Strahlen schenken, können dieses „Klima" verbessern. Umgibt den Menschen eine negative Atmosphäre, wird er sich automatisch abschotten. Damit bleibt er jedoch auch für positive Energien, die zum Auftanken der Aura dringend benötigt werden verschlossen. Da unsere Gesundheit ein feines Zusammenspiel von körperlicher und mentaler Ausgeglichenheit ist, wird deutlich, welch wichtige Rolle auch die feinstofflichen und psychischen Ebenen der Aura spielen, will man von „fit und gesund" sprechen.

Den einzelnen Chakren werden bestimmte Farben zugeordnet, da unser menschliches Auge Frequenzen und Schwingungen als Farben wahrnimmt. Die Energien der Steine und ihre Wirkung sind gleichfalls nach Farben einzuordnen. Sind Chakra-Farbe und Steinfarbe gleich, werden die haben die Schwingungen des Steines die gleiche Energie-Frequenz, die über dieses Chakra-Tor optimal in den Ätherkörper weitergeleitet werden kann.

Für das allgemeine Wohlbefinden ist es wichtig, dass der Energiefluss der Chakren „funktioniert“. Das heißt, dass die Schwingungen durch die Chakra-Tore hindurch können. Krankheiten und andere Störungen lösen Blockaden aus, die diesen stetigen Energiefluss hemmen. Da die Aura von Lichtenergien „lebt“, benötigen wir für ein harmonisches Gleichgewicht Energien verschiedener Frequenzen. Weißes Licht gelangt direkt in die Aura und wird an alle Chakren weitergeleitet, die sich entsprechend ihrer Bereiche die vitale Energie aus dem zugeordneten Farbstrahl entzieht.

1. Haupt-Chakra – Basis-Chakra

Element: Erde
Farbe: rot
Steine: Rubin, Granat, Koralle, Achat, Hämatit, Roter Jaspis

Dieses Chakra wird auch als Wurzel-Chakra bezeichnet. Es befindet sich zwischen Kreuzbein und Steissbein. Ihm wird die Farbe rot zugeordnet. Denn rot bedeutet Kraft, Energie und Vitalität. Diese Farbe regt das Wachstum an.

Erfahrungen in der Farblicht-Therapie dokumentieren die belebende und energiespendende Wirkung der Farbe rot. Vor allem in der Therapie von Mangelzuständen des Blutes wie zum Beispiel der Anämie.

In der Natur ist die Farbe Rot in Verbindung der ursprünglichen Kraft des Feuers zu finden, im übertragenen Sinne mit heftig aufwallenden Gefühlen (z. B. man sieht rot).

2. Haupt-Chakra – Milz-Chakra

Element: Wasser
Farbe: Orange
Stein: Karneol

Die Lage des Milz-Chakras, dass auch Sakral-Chakra genannt wird, ist der Unterleib. Genauer zwischen dem 5. Lendenwirbel und dem Kreuzbein. Seine Energiefarbe ist Orange. Sie symbolisiert warme, positive, anregende Energie. Orange ist eine Mischung der Farben Rot und Gelb. Rot für Kräfte bringende Lebensenergie und Gelb für die Weisheit.

Die Farb-Energie von Orange regelt die Nährstoffaufnahme und ist daher von großer Bedeutung für den Organismus. Werden Vitamine, Spurenelemente, Kohlenhydrate, Eiweisse und Fette nicht oder nur teilweise vom Körper aufgenommen, kommt es zu Mangelerscheinungen.

Auf mentaler Ebene stimuliert die Farbe Orange uns, Wut und Ärger zu überwinden und uns in Selbstbeherrschung zu üben.

3. Haupt-Chakra – Solarplexus-Chakra

Element: Feuer
Farbe: Gelb
Steine: Gelber Edeltopas, Citrin, Bernstein, Tigerauge, Rutilquarz, gelber Turmalin

Dieses Energietor liegt im Unterleib, zwischen dem 12. Brustwirbel und dem ersten Lendenwirbel. Es ist mit der Farbe Gelb verknüpft, die die mentale Ebene repräsentiert. Gelb symbolisiert das Denken, den Intellekt und die Weisheit. Der Solarplexus (oder Sonnengeflecht genannt) ist der zentrale Punkt unseres Nervensystems.

Die Farbe Gelb besitzt stark ausgleichende Energien, die bei Störungen des Nervensystems harmonisierende Wirkung zeigt. Die Farbschwingungen gleichen ein Zuviel an roter und blauer Aura-Farb-Energie aus. Zudem wirkt sie lindernd und heilend bei Verstopfungen und bei Diabetes mellitus.

4. Haupt-Chakra – Herz-Chakra

Element: Erde, Wasser, Feuer, Luft
Farbe: Grün und Rosa
Steine:
Grün: Chrysokoll, Peridot, Olivin, Chrysoberyll, Malachit, Jade, Turmalin, Calzit, Smaragd, Moos-Achat, grüner Jaspis, Dioptas, Aventurin
Rosa: Kunzit, Rosenquarz, Rhodonit, rosa Turmalin, Koralle, Rhodochrosit

Das Herz-Chakra vereint als einziges Energie-Tor alle vier Elemente in sich. Es liegt zwischen dem vierten und fünften Brustwirbel. Mit der Farbe Grün wird Harmonie und Gesundheit in Verbindung gebracht. Grün ist die vorherrschende Farbe, wenn wir uns in die Natur begeben. Sie wirkt beruhigend und ausgleichend auf das Nervenkostüm.

Grün ist eine Mischung aus Blau (für den Geist) und Gelb (für die Seele). Diese Farbe regeneriert und schenkt neue Lebensenergie. Auf der körperlichen Ebene wird diese Farbe bei Herzbeschwerden und Blutdruckproblemen eingesetzt.

5. Haupt-Chakra – Kehl-Chakra

Element: Luft
Farbe: Blau
Steine: Lapislazuli, Sodalith, Saphir, blauer Topas, Chalzedon, Fluorit, Turmalin, Pyrit, Türkis, Chrysokoll, Aquamarin

Das Kehl-Chakra (wird auch als Hals-Chakra bezeichnet) befindet sich wie der Name schon sagt am Kehlkopf. Allerdings nicht in der Mitte, sondern am unteren Abschnitt (zwischen dem siebten Halswirbel und dem ersten Brustwirbel auf der Vorderseite des Halses). Ihm wird die Farbe Blau zugeordnet. In Verbindung damit steht Reinheit, Inspiration und Unendlichkeit.

Blau hat friedliche, ruhige Schwingungen, die auch bei Einschlafproblemen oder Unruhezuständen während des Schlafes helfen. In Bezug auf das Kehl-Chakra, dem Tor wo innere Gedanken über das gesprochene Wort in Verbindung mit der Außenwelt treten, hilft die blaue Farb-Energie bei allen Hals- und Kehlbeschwerden. Aber auch bei entzündlichen Erkrankungen oder inneren Blutungen im gesamten Körper.

6. Haupt-Chakra – Stirn-Chakra

Element: keines
Farbe: Dunkelblau
Steine: Saphir, Azurit, Lapislazuli, Sodalith, Falkenauge, Bergkristall

Das Stirn-Chakra befindet sich über der Nasenwurzel zwischen Augenbrauen und Haaransatz. Vielfach wird zu diesem Chakra auch „Drittes Auge“ gesagt. Ihm wird die dunkelblaue Farb-Frequenz zugeordnet. Es ist das Symbol für Selbstbeherrschung und Weisheit.

Durch das Stirn-Chakra werden geistige Fähigkeiten geweckt und Tore geöffnet, die das Unterbewusstsein verschließen. Längst vergessene Erinnerungen und Erlebnisse vergangener Leben können ins Bewusstsein geholt werden.

Die blaue Farb-Energie eliminiert negative Einflüsse, die unsere Gedanken belasten und schafft Bahnen auf denen der Geist reine positive Schwingungen für seinen Weg zu höherem Wissen und ewigen Weisheiten.

7. Haupt-Chakra – Scheitel-Chakra

Element: keines
Farbe: Violett
Steine: Amethyst, Fluorit, Diamant

Das Scheitel-Chakra hat im Gegensatz zum Basis-Chakra (Öffnung nach unten) seinen Ausgang nach oben. Wie eine Krone (daher wird es auch Kronen-Chakra genannt) sitzt dieses Energie-Tor mittig auf dem Scheitel, ungefähr da wo sich die Fontanelle befindet.

Diesem Chakra ist die Farbe Violett, die Farb-Energie des geistigen Mysteriums zugeordnet. Violett besitzt die höchste energetische Schwingung im Lichtspektrum. Der violette Farbstrahl ist aber auch am leichtesten abzulenken. Die Mischung von Rot (steht für Materie) und Blau (symbolisiert den Geist) wird der höchsten spirituellen Ebene zugeschrieben.

Die Farb-Schwingungen Violett helfen bei Schlafstörungen und nervositätsbedingten Leiden, deren Ursache im mentalen Bereich zu suchen ist.

Fitmacher Ernährung

Dunkle Ringe unter den Augen, blasse und schlaffe Haut, Schlafstörungen, innere Unruhe, Erschöpfungszustände Nervosität – all das kann mit der falschen Ernährung zusammenhängen. Sie staunen? Dann denken Sie doch mal über den alten Spruch „Man ist was man isst" nach. Mehr und mehr Psychologen forsten heutzutage bei ihren Patienten erst mal die Ernährungsgewohnheiten durch, ehe sie weit in die Seelentiefen hinabsteigen. Denn oftmals ist es ein Mangel an bestimmten Nährstoffen, die zu körperlichen wie auch zu psychischen Symptomen führen. Außerdem kasteien sich allzu viele Menschen allzu oft mit Diäten, kämpfen sich die Pfunde herunter, um sie – der Yoyo-Effekt ist bekannt, bald wieder drauf zu haben. Das stresst und sorgt sicherlich nicht dafür, ein gutes Lebensgefühl zu haben.

Die Botschaft ist sehr einfach: Sorgen Sie für einen abwechslungsreichen Speiseplan. Und wenn Sie Lust auf Sauerbraten mit Knödeln haben, dann kochen und essen Sie's. Denn der Lustfaktor kommt heute viel zu kurz. Oder können Sie einer Diätmahlzeit aus der Tüte einen Lustgewinn nachsagen?

Darum geht es nämlich. Mit Lust und Liebe beim Essen zu sein. Sich auf die nächste Mahlzeit freuen – und sie Bissen für Bissen zu genießen. Wie wäre es mit einem kleinen Kochclub? Kochen Sie abwechselnd mal bei diesem oder jenem Freund.

Machen Sie aus Ihrer nächsten Party mal eine Kochparty und versammeln Sie alle zusammen um den Kochtopf und die Schnippelbrettchen.

Essen soll Spaß machen. Es soll aber auch alles enthalten, was der Körper braucht. Folgende Grundbestandteile braucht der Körper:

Kohlenhydrate: Sie sind die wichtigsten Energielieferanten. Ohne sie können wir nichts leisten, sie halten die Stoffwechselfunktionen aufrecht. Enthalten sind Kohlenhydrate in Brot, Obst und Gemüse.

Fette: Man meckert immer an ihnen herum, doch brauchen tun wir sie trotzdem. Wie die Kohlenhydrate sind Fette Energielieferanten, die der Körper für die Stoffwechselfunktionen und die Arbeitsleistungen braucht.

Eiweißstoffe: Sie fördern ebenfalls die Energiegewinnung, haben aber auch noch eine andere Aufgabe. Sie dienen nämlich als Bausubstanz für Zellen, Enzyme und bestimmte Hormone. Hauptlieferanten der Eiweißstoffe bzw. Proteine (sie versorgen unsere Muskeln) sind Fleisch, Fisch, Eier.

Mineralstoffe (mehr darüber im Kapitel „Vitamine & Mineralstoffe) wie z. B. Magnesium oder Kalium gehören ebenfalls zu den Körperbausteinen. Ein Mangel an Mineralien kann zu erheblichen Mängeln führen. Kalium bildet Knochensubstanz, Magnesium aktiviert über 300 Enzyme!

Vitamine und Spurenelemente (mehr darüber im Kapitel „Vitamine & Mineralstoffe“) sind quasi die Steuerelemente des Stoffwechsels. Sie schützen uns vor krankmachenden Außeneinflüssen.

Ballaststoffe sind – anders als ihr Name glauben lässt, durchaus nicht nur Ballast, sondern dafür verantwortlich, das Hunger- und Sättigungsgefühl zu steuern. Sie regen außerdem die Darmtätigkeit an und haben wichtige (regulierende) Aufgaben im Zucker- und Fettstoffwechsel. Ballaststoffriesen sind: Roggenknäckebrot, Vollkornnudeln (ohne Ei), getrocknete Feigen, Datteln und Pflaumen, außerdem weiße Bohnen und Linsen.

Wasser: Es ist Hauptbestandteil unseres Körpers und damit wichtigstes Bauelement. Wasser sorgt für den Stofftransport im Blut. Gleichzeitig ist es dafür da, die Wärmeregulierung zu steuern. Je mehr wir schwitzen, desto mehr Wasser muss zugeführt werden. Trinken Sie mindestens zweieinhalb Liter Wasser pro Tag, am besten stilles Mineralwasser.

Wer sich ausgewogen und abwechslungsreich ernährt, holt sich all diese Stoffe ganz automatisch aus der Nahrung. Allerdings sollte man beachten, dass jedes Alter einen bestimmten Schwerpunkt hat.

Zwischen 20 und 30 Jahren

Die aktivste Zeit im Erwachsenenleben. Die Nächte sind lang (oder kurz – je nachdem, wie man es betrachtet), man steckt voller Elan, will die Welt aus den Angeln heben, bastelt kräftig an der Karriere. Eine Phase, in der man viel Energie braucht – und die liefern die Kohlenhydrate. Kartoffeln, Nudeln und Reis sollten in diesen Jahren den Speiseplan anführen. Sie sorgen für Power und Schwung und stoppen den Hunger für Stunden. Essen Sie mindestens dreimal die Woche Nudeln oder Reis (100 Gramm) und 200 bis 250 Gramm Kartoffeln.

Etwa 300 Gramm Gemüse pro Tag sind die Garantie dafür, dass Sie mit Vitaminen und Mineralien versorgt werden. Die Hälfte davon sollte roh genossen werden – als knackiger Salat – die andere gekocht.

Käse bringt tierisches Eiweiß und Kalzium. Kaufen Sie sich fettarme Sorten und essen Sie pro Woche etwa 100 Gramm davon. Milch und Milchprodukte wie Joghurt und Quark sind wahre Kalziumbomben. Davon braucht der Körper zwischen 20 und 30 mindestens 1000 mg pro Tag, um den Knochenaufbau zu gewährleisten. Tägliche Mengen: 250 ml Milch, 150 g Quark oder einen Becher Joghurt.

Obst sollten Sie immer frisch im Haus haben und auch kräftig zulangen. Es hat wenig Kalorien, dafür aber Unmengen an Vitaminen.

Eier sind besser als ihr Ruf von wegen Cholesterin. Zwischen 20 und 30 sind ein bis zwei Eier pro Woche ein Muss, denn sie enthalten Vitamine, Mineralien und Protein.

Pflanzliches Öl: Greifen Sie zu Sojaöl, zu Distelöl, zu Sonnenblumen- oder Maiskeimöl. Zwei Esslöffel pro Tag genügen, um Sie mit den wichtigen mehrfach ungesättigten Fettsäuren und dem wichtigen Vitamin E zu versorgen.

Zwischen 30 und 40 Jahren

Frauen zwischen 30 und 40 Jahren sind gleich in mehrfacher Hinsicht gefordert. Zum Beruf kommen die Kinder und damit beginnt oft der Spagat zwischen Karriere und Hausfrau. Eine Phase, in der der Organismus „Nervennahrung", aber auch Kohlenhydrate und Eiweiß braucht. Folgende Reihenfolge sollten Sie – falls betroffen – bei der Ernährung einhalten:

Greifen Sie regelmäßig zu Getreideprodukten, denn alles, was aus ganzen Getreidekörnern gemacht ist, liefert Ihnen automatisch das Nervenvitamin B1. Hinzu kommt das Mineral Magnesium, das gegen Stress wirkt. Ideal: Müsli am Morgen, das mit Joghurt oder einem großen Glas Milch angemacht wird.

Und wer kann es sich leisten, als Mutter krank zu werden? Essen Sie täglich viel frische Früchte – aber mindestens 200 Gramm. Darin enthalten ist das Vitamin C, welches die Immunabwehr stärkt. Tipp: Mischen Sie Ihren Frühstücksflocken doch immer gleich einen Apfel oder eine andere Frucht bei.

Eisen: Viele Frauen leiden – schon wegen dem Blutverlust während der Menstruation – unter Eisenmangel. Dagegen können Sie etwas tun: Essen Sie einmal die Woche Leber (vom Schwein) von etwa 100 Gramm.

Erbsen, Bohnen, Linsen gehören ebenfalls auf den Wochenspeiseplan. Ob als Beilage oder als Eintopf – einmal die

Woche sollten Hülsenfrüchte gegessen werden – auch schon, weil sie viele B-Vitamine beinhalten.

Fische und Meeresfrüchte: Eiweiß, Jod, Eisen in ausreichender Menge erhalten Sie, wenn Sie einmal pro Woche Fisch und ebenso Meeresfrüchte auf den Tisch bringen. Pro Portion etwa 200 Gramm.

Wer Vollkornbrot mag, der tut sich und seinem Körper etwas Gutes. Es enthält wenige Kalorien, enthält reichlich Ballaststoffe und B-Vitamine. Außerdem Kohlenhydrate, die pure Energielieferanten sind.

Gemüse darf auf dem Speiseplan natürlich nicht fehlen. Auch in Ihrem Alter benötigen Sie circa 300 Gramm. Gemüse enthält Vitamine und Bio-Stoffe, die vitalisieren und gesund erhalten.

Ab 40 Jahren

Nun sind die Kinder schon größer und selbständiger, der Stress – auch der berufliche – lässt etwas nach, weil man nicht mehr so karriereorientiert ist oder erreicht hat, was man erreichen konnte oder wollte. Im körperlichen Bereich verlangsamt sich der Stoffwechsel, was die Folge hat, dass weniger Kalorien verbraucht werden.

Und plötzlich stellt man fest, dass kleine Sünden, die noch vor ein paar Jahren keine waren, sich hartnäckig in Form von Pölsterchen an den Problemzonen Hüfte, Po und Beinen ansetzen. Was tun? Setzen Sie in diesem Alter auf Eiweiß von Geflügel und Fisch. Das macht fit und enthält im Gegenzug aber nur wenige Kalorien. Genuss ohne Reue also aber mit Fitnesseffekt!

Ab sofort „Anführer" Ihres Speiseplans: Fisch und Geflügel. Wahre Eiweißbomben, die fit machen. Seefisch enthält außerdem das Vitamin D, welches wichtig ist für den Kalzium-Stoffwechsel und die berühmten Omega 3-Fettsäuren, die die Zellalterung stoppen. Bringen Sie mindestens zweimal pro Woche ein Geflügel- und ein Seefischgericht auf den Tisch.

Obst ist nicht nur ein knackiger und belebender Snack für zwischendurch, jetzt darf es auch ruhig mal eine Mahlzeit ersetzen. Legen Sie zweimal pro Woche eine Obstmahlzeit ein. Entschlackt und macht kleine Kaloriensünden wieder wett. Ansonsten gilt: 300 Gramm pro Tag.

Kalzium ist nun besonders wichtig, denn es wirkt der gefürchteten Osteoporose (Knochenabbau) entgegen. Enthalten ist Kalzium vor allem in Milchprodukten. Trinken Sie täglich ein Glas Milch und essen Sie einen Magerjoghurt. Wer abwechseln möchte: 200 g Magerquark, gerne in Verbindung mit gekochten Kartoffeln.

Gemüse. Es darf auf dem täglichen Speiseplan natürlich nicht fehlen. Auch in Ihrem Alter sollten Sie 150 Gramm in roher Form, 150 Gramm in gekochter Form zu sich nehmen.

Vollkornprodukte liefern Ballaststoffe und bringen damit den Darm auf Trab. Außerdem enthalten sie das Nervenvitamin B1.

Wer Fleisch mag, sollte fortan zu den mageren Stücken greifen. Sie bringen viel Eiweiß aber weniger Fett. Außerdem enthalten: Eisen, das wichtig für die Blutbildung ist.

Pflanzenöle (kalt gepresst) benutzen, 2 Esslöffel pro Tag.

Was sind eigentlich Bio-Stoffe?

Jedem ist klar, dass Obst und Gemüse gesund sind. Weil sie Vitamine und Mineralstoffe enthalten, die unser Körper braucht. Doch in den Früchten, den Knollen, den Blättern steckt noch mehr, nämlich ein regelrechter Cocktail an den sogenannten Biostoffen – auch kurz SPS genannt, die „sekundären Pflanzenstoffe". Diese bioaktiven Stoffe werden ausschließlich von Pflanzen gebildet – und zwar, um sich zu schützen: vor Schädlingen und vor aggressiven UV-Strahlen der Sonne. Gleichzeitig sind diese Stoffe aber auch natürliche Duft-, Geschmacks- und Farbstoffe der Pflanzen. Man unterteilte sie in drei wichtige Substanzgruppen: die Carotinoide, die Flavonoide und die Glucosinolate. Was können sie?

Carotinoide sollen die Entstehung von Herz-Kreislauf-Erkrankungen und Krebs verringern. Wahre Carotinoide-Bomben sind Karotten, Kürbis und Tomaten. Sie stärken außerdem unsere Immunabwehr, so dass Tumorzellen schneller identifiziert und vernichtet werden können. Sie sind also wahre Krebsbekämpfer. Achten Sie also auf reichlich „rotes" Gemüse auf Ihrem Speiseplan, aber auch darauf, diese Gemüse stets in Verbindung mit etwas Fett bzw. Öl zu essen. Carotinoide brauchen nämlich Fett, damit sie sich lösen können uns unser Körper sie aufnehmen kann.

Falvonoide braucht die Pflanze, um sich vor aggressiven UV-Strahlen zu schützen. Als Radikalenfänger schützen uns diese bioaktiven Stoffe vor Krebstumoren, Herz-Kreislauf-Erkrankungen und sie senken das Risiko von Herzinfarkt und Schlaganfall. Flavonoide aus Zitrusfrüchten schützen außerdem vor Viren und Bakterien.

Flavonoide finden sich vor allem in Beeren, in blauen Weintrauben, in Zwiebeln, Auberginen, Tomaten, Paprika, Äpfeln, Kirschen und Pflaumen. Ein Glas Rotwein in Ehren kann außerdem nicht schaden: denn auch hierin sind Flavonoide enthalten. Man geht heute davon aus, dass das der Grund ist, warum Südländer seltener an Herz-Kreislauf-Erkrankungen leiden!

Glucosinolate findet man reichlich in Brokkoli, Senf, Kapuzinerkresse und in Kohl. Auch sie bekämpfen die gefürchteten Freien Radikalen und wirken außerdem antibakteriell.

Wer sich also gemüsereich ernährt, hat gute Chancen, auch gleichzeitig sein Krebsrisiko zu senken. Laut Expertenmeinung kann man sein Krebsrisiko um 50 % senken, wenn man diese Stoffe regelmäßig zu sich nimmt. Allerdings:

Bio-Stoffe sind empfindlich!

Seien Sie nett zu ihnen. Garen Sie frisches Gemüse mit möglichst wenig Flüssigkeit, am besten im Schnellkochtopf oder im Siebeinsatz über Dampf, damit keine der wertvollen Inhaltstoffe ins Kochwasser ausgeschwemmt werden. Bewahren Sie Obst und Gemüse kühl auf, also im Keller oder in den entsprechenden

Fächern im Kühlschrank. Aber bitte nicht lange liegen lassen. Und schließlich auch beim Waschen aufpassen: langes Wässern laugt Obst und Gemüse aus!

Vitamine und Mineralstoffe

Vitamine

Der Begriff Vitamine ist noch relativ jung, er wurde zu Beginn des Jahrhunderts eingeführt, als es verschiedenen Forschern gelang, bestimmte Stoffe zu synthetisieren und nachzuweisen, dass diese Stoffe essenziell, d. h. lebensnotwendig sind. Der Begriff Vitamin leitet sich von dem lateinischen Wort „Vita" für „Leben" ab.

Bestimmte Krankheiten, die bei einem Vitaminmangel entstehen, waren jedoch schon seit Jahrhunderten bekannt. Zum Beispiel die Beri-Beri-Krankheit (eine Stoffwechselerkrankung, die durch Vitamin B1-Mangel ausgelöst wird). Durch Forschungsreihen mit Untersuchungsgruppen, die z. B. geschälten und ungeschälten Reis erhielten, kam man langsam den Vitaminen auf die Spur und entdeckte, wo sie enthalten sind (z. B. in dem Silberhäutchen von ungeschältem Reis). Es wurde auch entdeckt, dass Vitamine künstlich hergestellt werden können.

Vitamine sind lebensnotwendige, physiologisch wirksame, organische Verbindungen. Sie können im Organismus nicht oder nur unzureichend gebildet werden. Vitamine müssen daher dem Organismus in wirksamer Form oder als Vorstufe (Provitamin) zugeführt werden. Die meisten Vitamine werden mit der

Nahrung aufgenommen. Einige können von Darmbakterien synthetisiert (gebildet) werden. Man sollte beachten, dass der Vitamingehalt in den Nahrungsmitteln je nach Produktionsbedingungen, Lagerung und Zubereitung stark schwanken kann. Der Vitaminbedarf ist nicht so groß; bei gesunden Erwachsenen tritt ein Vitamindefizit selten auf, wenn die Ernährung ausgewogen ist und genügend Frischkost wie Obst und Gemüse gegessen wird.

Zusätzliche Vitamingaben sind nur dann erforderlich, wenn in Folge ungenügender Vitaminzufuhr (einseitige oder unzureichende Ernährung, z. B. Dosennahrung), oder bei erhöhtem Vitaminbedarf wie z. B. in der Schwangerschaft und Stillzeit und verminderter Vitaminresorption infolge von fehlenden Intrinsic Faktors, wie z. B. Zerstörung der Darmflora durch Behandlung mit Breitbandantibiotika, eine negative Vitaminbilanz entsteht.

Ein absoluter Vitaminmangel (Avitaminose) oder relativer Vitaminmangel (Hypovitaminose) zeigen meist charakteristische Krankheitssymptome, die durch die Gabe des entsprechenden Vitamins wieder geheilt werden können.

Vitamine werden nach dem Lösungsmittel, das sie für ihren Transport im Körper benötigen, in zwei Gruppen eingeteilt, und zwar in fettlösliche Vitamine und wasserlösliche Vitamine. Diese Einteilung gibt einen Hinweis darauf, welche Nahrungsmittel die Vitamine der jeweiligen Gruppe enthalten. Bei den fettlöslichen Vitaminen A, D, E und K ist zu beachten, dass sie nur dann ausreichend aufgenommen werden können, wenn die Fettresorptionsmechanismen intakt sind, d. h. wenn insbesondere genügend Gallenflüssigkeit gebildet und ausgeschüttet wird.

Natürliche und künstliche Vitamine

Vitamine werden natürlich im Pflanzenstoffwechsel und auch im tierischen Stoffwechsel (z. B. Leber) synthetisiert (gebildet). Die einzelnen Pflanzensorten bilden dabei zum Teil unterschiedliche Vitamine. Der Vitaminanteil ist dabei von verschiedenen Funktionen abhängig: von den Produktionsbedingungen, der Lagerung und zu guter Letzt von der Zubereitung; die Werte können stark schwanken. Vitamine sind Stoffe, die unter dem Einfluss von Sauerstoff schnell zerfallen. Je länger also ein Apfel etwa auf dem Küchentisch aufbewahrt wird, desto weniger Vitamine enthält er. Jetzt gibt es Menschen, die nur oder überwiegend, und das aus guten Grund, natürliche Produkte essen wollen. Soweit es die Vitamine betrifft, müssen sie dabei auf frisches Obst und Gemüse zurückgreifen. Wenn Sie zusätzlich Vitamine (in reiner Form) nehmen wollen, sollten Sie daran denken, dass es diese so gut wie nicht gibt, auch wenn auf der Packung – natürliche Vitamine – steht.

Natürlich ist nicht immer natürlich.

Die Pharmaproduzenten nehmen als Ausgangstoffe für die Herstellung von Vitaminen zum Teil natürliche Ausgangsprodukte, z. B. die Nährhefe oder Traubenzucker (Ausgangsprodukt für Vitamin C). Der Aufdruck: „Natürliches Vitamin“ ist keine Garantie dafür, dass das Vitamin ausschließlich durch Extraktion aus tierischen oder pflanzlichen Stoffen und Entzug von Wasser entsteht. Die Herstellungsländer haben unterschiedliche Regelungen getroffen, nach denen ein Produkt als natürlich bezeichnet werden darf. Bei amerikanischen Produkten sollten Sie genau das klein Gedruckte lesen. Nach den dortigen Bestimmungen darf ein in der Fabrik aus synthetischen Ausgangsmaterialien hergestelltes Vitamin als „Natürliches Vitamin“ verkauft werden, wenn es nur geringe Zusätze an natürlichen Vitaminen enthält. Garantiert natürliche Vitamine sind erkennbar an ihrer extrem niedrigen Dosierung. Synthetische Vitamine sind immer höher konzentriert. Die Grenze zwischen natürlich und künstlich ist fließend. Die Chemie ist ja auch Teil der Naturwissenschaften. Die Natur und ihre Geschöpfe Mensch, Tier, Pflanze und Stein (Mineral) sind aus natürlichen chemischen Elementen (Molekülen, Atomen) aufgebaut. Wenn das Pro und Kontra natürlicher oder synthetischer Vitamine diskutiert wird, sollten man einige wichtige Aspekte nicht vergessen.

Die chemische Struktur natürlicher oder synthetischer Vitamine ist gleich. Es gibt keine Erkenntnisse darüber, ob der Organismus den Unterschied erkennt. Es gibt Anhaltspunkte, dass natürliche Vitamine etwas leichter resorbiert (aufgenommen) werden. Wenn sie in der Blutbahn und in der Leber angelangt sind, wo sie verarbeitet werden, sind beide Formen von gleichem Nutzen. Die Natur ist darüber hinaus nicht in der Lage, die Mengen, die heutzutage konsumiert werden, auch nur im entferntesten abzudecken. Aus den natürlich vorhandenen Vitaminen z. B. im Getreide lassen sich nur einige in nennenswerten Mengen resorbieren. Für die zusätzliche Gewinnung natürlicher Vitamine, um den Bedarf für Schönheitsprodukte oder anderer Mittel mit hohen Vitaminanteilen zu decken, müssten riesige Flächen in Monokulturen verwandelt werden. Aus ökologischer Sicht und auch aus sozialer und menschlicher Verantwortung, wenn man an die vielen hungernden Menschen auf der Welt denkt, ist das sicherlich nicht zu befürworten. Ein weiteres wichtiges Argument ist auch der Preis. Natürlich hergestellte Vitamine würden ein Vielfaches dessen kosten, was die synthetischen kosten.

Vitamindosierung

Vitamine gehören zur Gruppe der Vitalstoffe, der menschliche Organismus ist auf eine ausgewogene Dosierung angewiesen. Sie sind, bis auf die fettlöslichen, auch bei hoher Dosierung in der Regel nicht toxisch (giftig), egal ob es sich um natürliche oder künstliche handelt. Alles, was der Körper nicht braucht, wird in der Regel einfach ausgeschieden. Abgesehen von der Verschwendung ist eine Überdosierung nach heutigem Erkenntnisstand (so gut wie) nur bei sehr hohen oder extremen Dosen möglich. Die Ausnahme bilden die fettlöslichen Vitamine, die bei gestörtem Stoffwechsel in der Leber angelagert werden und ein Risiko für Leber und Nieren sind. Vitamine werden in Internationalen Einheiten (I. E.) gemessen.

Vitamine und Krebs

Vitamine als vorbeugendes Mittel gegen Krebs: Um uns optimal gegen Krebs zu schützen, brauchen wir möglicherweise mehr Vitamine als wir bisher glaubten. Mit jedem Bissen Fett, mit jedem Schluck Alkohol, mit jeder Zigarette holt man sich unangenehme Gäste in seinen Körper: Die „Freien Radikale". Das sind winzige, aggressive Moleküle. Sie entstehen als Abfallprodukte unseres Stoffwechsels oder dringen, etwa als Umweltgifte, von außen in den Körper. Jede Zelle hat täglich Tausende solcher Attacken zu überstehen. Smog, Ozon, UV-Strahlen und Stress verstärken diese Angriffe. Allein bei einem Lungenzug strömen etwa 100 Billionen Freie Radikale in den Körper eines Rauchers. Die hochreaktiven Teilchen schädigen die Hülle von Zellen und das empfindliche Erbmaterial. Durch solche Mutationen können normale Zellen entarten. Im schlimmsten Fall entsteht ein Tumor. Doch die Natur hat ein Gegenmittel entwickelt. Die so genannten Antioxidantien oder Oxidationshemmer. Die berühmtesten vier sind die Vitamine A, C, E und das Beta-Carotin.

In der ersten Hälfte des Jahrhunderts hat man mit Vitaminen lediglich Mangelkrankheiten wie Skorbut und Beriberi bekämpft, doch nun hat eine neue Ära der Vitaminforschung begonnen. Es gibt aussagekräftige Daten, dass Vitamine bei der Prävention von Krankheiten wie Krebs und Arteriosklerose helfen können. In den USA greift inzwischen jeder dritte Bürger regelmäßig zu bunten Pillen. Und auch in Deutschland boomt der Markt. Der Umsatz mit Vitaminpräparaten stieg seit 1991 um 30 Prozent.

Grund für die Euphorie ist eine einzigartige Großstudie an 30 000 Bewohnern der nordchinesischen Region Linxian. Die Untersuchung, veröffentlicht in der amerikanischen Fachzeitschrift „Journal of the National Cancer Institute“, erbrachte nach Meinung vieler Experten den ersten, stichhaltigen Beweis, dass Vitamine gezielt Krebs verhindern können. Die Wissenschaftler wählten die Bevölkerung von Linxian, weil hier die Sterblichkeit an Magen- und Speiseröhrenkrebs 100 mal höher liegt als in den USA. Die Bauern sind arm, ihre Mahlzeiten spärlich, sie ernten nur wenige Früchte, kaum Gemüse außer Süßkartoffeln. Ganz selten gibt es ein Stück Fleisch. Die Erwartung war groß, dass bei dieser Mangelernährung die Wirkung von Vitaminpillen besonders deutlich erkennbar sein würde.

Ein Teil der Bevölkerung bekam fünf Jahre lang täglich einen Cocktail aus Vitaminen serviert. Die Präparate enthielten Dosierungen, die nur schwer über eine ausgewogene Ernährung zu erreichen sind. Eine Kontrollgruppe schluckte Placebos. Die Ergebnisse der Studie erregten in der Fachwelt großes Aufsehen: Die Zahl der krebsbedingten Todesfälle ging um 13 Prozent, die allgemeine Sterblichkeit um neun Prozent zurück. Die Magen- und Speiseröhrenkrebsrate reduzierte sich sogar um 21 Prozent. Als besonders erfolgreich erwies sich dabei vor allem die Antioxidantien-Mischung aus Vitamin E, Beta-Carotin und Selen.

Die nächste Nachricht von der Vitaminfront wird von einer Studie mit Rauchern aus Helsinki erwartet. Raucher leiden häufiger an Vitaminmangel, weil Zigarettenrauch die Vitamine im Körper zerstört. Noch ist es eine Hoffnung, dass eine Dosis von 20 mg Beta-Carotin und 50 mg Vitamin E täglich vor Lungenkrebs schützen kann. Die finnische Arbeit, die im angesehenen Fachblatt „New England Journal of Medicine“ erscheinen wird, sollte nach bisher vorliegenden Informationen die Ergebnisse aus Linxian bestätigen. Beide Studien sind so genannte Interventionsstudien, die die Wirkung von zusätzlich zur Nahrung verabreichten Vitamindosen untersuchten. Die Amerikanerin Gladys Block an der University of California in Berkeley erstellte eine Zusammenfassung von Vitaminstudien. Ergebnis: Von 170 wissenschaftlichen Veröffentlichungen bestätigen 132 die Schutzwirkung von Vitaminen gegen Krebs.

Wer täglich viel Gemüse isst, bei dem verringert sich das Risiko, an Krebs zu erkranken, deutlich. Die Arbeit von Gladys Block zeigt, dass sich das Krebsrisiko bis um die Hälfte senken lässt. Bei den Menschen, die sich nur schlecht mit Vitamin A versorgten, lag die Brustkrebsrate um 20 Prozent höher als bei den Vitaminbewussten. Auch für bereits an Krebs Erkrankte könnten die Mikronährstoffe von Nutzen sein. Krebspatienten haben weniger Vitamine im Blut als der Durchschnitt. Eine Krebstherapie mit einer sehr hohen Dosis Vitamin A wird in den USA praktiziert. Nebenwirkungen sind dabei nicht immer vermeidbar. Erste Ergebnisse einer Studie, an der Kliniken in ganz Europa beteiligt sind, zeigen, dass Zweittumore durch eine gezielte Gabe des Vitamins seltener auftreten.

Wie kann man sich die erstaunliche Wirkung dieser Vitamine erklären? Bestreicht man z. B. einen angeschnittenen Apfel mit Zitronensaft, bleibt die Fläche hell und ist vor Oxidation geschützt. Die Antioxidantien schützen unsere Zellen durch einen ähnlichen Vorgang, indem sie die Freien Radikale neutralisieren. Als eingespieltes Team gehen sie gegen die molekulare Terrortruppe vor. Außen an den Zellen wacht das Beta-Carotin, in der Zellwand wehrt Vitamin E – unterstützt von dem Spurenelement Selen – die Eindringlinge ab. Im Inneren der Zelle setzt Vitamin C die Freien Radikale endgültig außer Gefecht.

Molekularbiologen konnten im Reagenzglas beweisen, dass Beta-Carotin die Regulation unserer Gene beeinflusst. Es kann sogar die ersten Entartungen einer Normalzelle auf dem Weg zur Krebszelle wieder rückgängig machen.

Einige Präventivmediziner halten zwar nicht von regelrechten Vitaminbomben, sind aber überzeugt, dass wir Antistressprodukte brauchen. Ihre Empfehlung : die magischen Drei.

- 200 mg Vitamin C,
- 15 mg Beta-Carotin,
- 30 bis 60 mg Vitamin E.

Erst mit diesen Mengen, ungefähr dreimal so hoch wie von der DGE angeraten, könne man sich optimal schützen. Eine deutsche Untersuchung über die Bestimmung des tatsächlichen Vitaminstatus im Blut, brachte das Ergebnis: Der Durchschnittsdeutsche ist ganz gut versorgt. Aber: Fünf bis zehn Prozent bekommen zu wenig. Das sind in Deutschland bis zu acht Millionen Menschen aus folgenden Risikogruppen: Raucher und Trinker, Senioren, Kranke und Schwangere.

Es gibt ein großes Angebot an Vitaminpräparaten. Ob man zum Dragee, zur Kapsel oder zur Brausetablette greift, ist letztendlich eine Geschmacksfrage. Wichtig ist, dass außer Vitaminen auch Mineralien und Spurenelemente enthalten sind. Sie können sich gegenseitig positiv beeinflussen. Die Menge der einzelnen Inhaltsstoffe sollte im Bereich der Tagesdosis oder leicht darüber liegen. Wirklich riskant ist in erster Linie eine zu hohe Dosierung von Vitamin A und D. Sie sind beide fettlöslich und werden im Körper gespeichert. Jeder Eskimo weiß beispielsweise, dass man sich an einer Einsbär- oder Walrossleber vergiften kann, weil sie enorme Mengen an Vitamin D enthält. Nur kleine Häppchen sind erlaubt.

Grundsätzlich sind sich alle Ernährungsexperten einig, dass Pillenmenüs eine gesunde Lebensweise oder eine ausgewogene Mahlzeit nicht ersetzen. Insbesondere für Raucher ist das eine fatale Fehlkalkulation. Vitamine sind nicht als Pille danach zu gebrauchen. Man kann die schädlichen Effekte des Rauchens auch mit vielen Vitamin-C-Tabletten nur um etwa zehn Prozent abschwächen. Wer sich überwiegend für Pillen statt Zitrone entscheidet, riskiert vor allem, dass ihm viele andere lebenswichtige

Nährstoffe entgehen. Es gibt Hunderte von Schutzstoffen. Die meisten kennen wir noch nicht oder sind gerade dabei, sie zu erforschen. Zum Beispiel Flavonoide oder das Allicin im Knoblauch, die auch antikanzerogen wirken. Eines ist klar, die Evolution kann es nicht darauf abgesehen haben, dass wir dauernd in die Apotheke laufen und Vitaminpräparate kaufen.

Die wichtigsten Vitamine und ihre Wirkung

Vitamin A (Retinol) ist wichtig für die Augen (Nachtsehen), die Haut, Nägel, Zähne und wirkt als Radikalfänger und somit gegen Krebs. Es ist ein fettlösliches Vitamin und darf auf keinen Fall überdosiert werden, da es im Körper gespeichert wird. Bei mehr als 8 – 15 mg pro Tag können Missbildungen bei Föten auftreten, Übelkeit und Erbrechen, Hauterkrankungen, Kopfschmerzen und Haarausfall. Die empfohlene Tagesdosis bei ausgewogener Ernährung liegt bei 1 mg. Das entspricht z. B. 55 g rohen Karotten oder 140 g rohem Spinat. Hauptlieferanten sind Karotten, Spinat, Eigelb, Leber und Fisch.

Beta-Karotin verringert das Krebsrisiko. Es wird im Körper umgewandelt in Vitamin A und unverändert resorbiert. Die empfohlene Tagesdosis bei ausgewogener Ernährung liegt zwischen 2 – 6 mg und ist z. B. in 100 g Spinat oder 120 g Grünkohl enthalten. Hauptlieferanten sind alle intensiv grünen Gemüse, viele grünen Blattsalate, grüne Bohnen, Grünkohl, Feldsalat, Brokkoli, Spinat, Fenchel, Aprikosen, Karotten, Tomaten und Möhren.

Vitamin B1 (Thiamin)hat eine große Bedeutung für den Kohlenhydratstoffwechsel und die Energiegewinnung. Besonders Alkoholiker müssen für ausreichende Zufuhr sorgen. Bei einer ausgewogenen Ernährung ist eine Tagesdosis von 1 – 1,5 mg angeraten. Bei kohlenhydratreicher Ernährung braucht der Körper mehr Vitamin B1, bei fettreicher Ernährung weniger. Alkoholiker sollten eine höhere Dosis einnehmen. Die Hauptlieferanten sind alle tierischen Organe, Schweinefleisch, Hülsenfrüchte, Haferflocken, Kartoffeln, Geflügel und Fisch.

Vitamin B2 (Riboflavin)ist wichtig als Aktivator des Zellstoffwechsels. Es kurbelt die Energieproduktion an und unterstützt den Stoffwechsel des Auges. Die empfohlene Tagesdosis bei einer ausgewogenen Ernährung liegt bei 1,5 – 2 mg. Hauptlieferanten sind Milch, Milchprodukte, Hülsenfrüchte, Getreidekeime, Gemüse, Geflügel, Leber, Fisch und Eier.

Vitamin B6 (Pyridoxin) unterstützt den Muskelaufbau, ist beteiligt an der Steuerung vieler Körperfunktionen. Der Bedarf an Vitamin B6 wächst mit steigender Eiweißzufuhr. Bei einer ausgewogenen Allgemeinernährung liegt die empfohlene Tagesdosis bei 1,8 mg. Diese sind z. B. in 450 g Bananen oder 200 g Lachs enthalten. Ein erhöhter Bedarf besteht in der Schwangerschaft und bei Schilddrüsenüberfunktion. Hauptlieferanten von Vitamin B6 sind Tierinnereien, Vollkornprodukte, Grüne Bohnen, Hülsenfrüchte, Kartoffeln, Bananen, Getreide, Fleisch, Milch, Fisch und Kohl.

Vitamin B12 (Cobalamin) hilft beim Zellaufbau und bei der Blutbildung, kommt hauptsächlich in tierischen Produkten vor; in pflanzlicher Nahrung nur nach Fermention (z. B. Sauerkraut). Eine Überdosierung birgt kein großes Risiko, ganz selten treten allergische Hautreaktionen auf. Die empfohlene Tagesdosis von 0,003 mg ist z. B. in 150 g Emmentaler enthalten. Hauptlieferanten sind alle tierischen Nahrungsmittel wie Innereien, Fleisch, Milch, Leber, Fisch, Käse und Eier.

Vitamin C (Ascorbinsäure) verringert das Krebsrisiko, stärkt die Immunabwehr, wirkt als Antioxidans und begünstigt die Zellatmung. Ein Risiko der Überdosierung besteht bei der Einnahme von 10 000 mg pro Tag und kann Harnsteine, Durchfall und Schlaflosigkeit zur Folge haben. Die empfohlene Tagesdosis liegt bei 75 mg, die z. B. in 125 g Erbeeren oder 1 – 2 Gläser Orangensaft enthalten sind. Raucher dürfen die Dosis erhöhen, da sie einen stärkeren Vitamin-C-Bedarf haben. Hauptlieferanten sind die Leber, Johannisbeeren, Grünes Gemüse, Roter Paprika, Zitrusfrüchte, Hagebutten, Sanddorn, Kartoffeln, Erdbeeren, Obstsäfte und Kiwi.

Vitamin D (Calciferol) bewirkt die Knochenfestigkeit und schützt vor Krebs und Osteoporose. Gebildet wird es unter Lichteinwirkung aus Provitamin. Gefahr der Mangelbildung bei Menschen, die sich viel in Gebäuden aufhalten. Vitamin D ist fettlöslich und speichert sich im Körper. Ein Risiko der Überdosierung besteht bei der 20-fachen Einnahme der empfohlenen Dosis. Die Folge sind Kalkablagerungen in den Gefäßen und Erbrechen. Die empfohlenen Tagesdosis liegt bei 0,005 mg und sind z. B. in 2 Eiern oder 100 g Heilbutt enthalten. Hauptlieferant von Vitamin D sind alle tierischen Fettgewebe, Steinpilze, Morcheln, Eigelb, Butter, Milch, Fisch und Leber.

Vitamin E (Tocopherol) macht fit und potent, sowohl körperlich wie auch geistig. Nebenwirkungen sind keine bekannt. Vitamin E ist ein fettlösliches Vitamin. Bei einer ausgewogenen Ernährung ist eine Tagesdosis von 10 – 15 mg empfohlen, wie sie z. B. in 20 g Sonnenblumenöl oder 60 g Margarine enthalten sind. Als Hauptlieferanten gelten Vollkornprodukte, Sonnenblumenöl, Getreidekeime, Pflanzenöle, Olivenöl, Erbsen, Nüsse und Eier.

Folsäure (Vitamin B9) reguliert die Zellteilung und ist wichtig für die Gewebe- und Blutbildung. Die Gefahr einer Überdosierung besteht bei Einnahme von über 15 mg pro Tag und kann Schlaf- und Gemütsstörungen hervorrufen. Die empfohlene Tagesdosis bei einer ausgewogenen Ernährung liebt bei 0,3 mg. Dies entspricht z. B. 2 Eiern oder 350 g Spargel. Hauptlieferanten sind Vollkornprodukte, Hülsenfrüchte, Endiviensalat, roher Spinat, Sojabohnen, Kartoffeln, Rote Bete und Leber.

Vitamin B10 (Paraminobenzoat/PABA) unterstützt die Enzymbildung und somit die Sonnenverträglichkeit. Außerdem fördert es die Fruchtbarkeit bei Mann und Frau. Eine Überdosierung kann die Hautpigmentation verstärken. Als Hauptlieferanten bieten sich Weizenkeime, Nährhefe und Pilze an.

Vitamin K ist wichtig für die Blutgerinnung. Darmbakterien können auch Vitamin K bilden. Eine Überdosierung ist sehr selten, solange das zugeführte Vitamin resorbiert werden kann. Problematisch kann es nur nach operativer Entfernung der Galle werden. Die empfohlene, geschätzte Tagesdosis bei einer ausgewogenen Ernährung liegt bei 0,0010 mg. Hauptlieferanten sind grüne Pflanzenteile, Hülsenfrüchte, Blumenkohl, Geflügel und Fleisch. Auch die Darmflora bildet Vitamin K.

Niacin (Vitamin B3)ist wichtig für den Energiestoffwechsel der Haut und des Nervensystems. Hohe Dosen senken möglicherweise den Cholesterinspiegel. Niacin kann vom Körper zum Teil selbst hergestellt werden. Bei einer Überdosierung von mehr als 1000 mg pro Tag können Hautreaktionen, Übelkeit und Magenschmerzen auftreten. Die empfohlene Tagesdosis bei einer ausgewogenen Ernährung liegt bei 18 mg. Hauptlieferanten sind Hülsenfrüchte, Vollkornprodukte, Kartoffeln, Innereien, Fleisch, Nüsse und Fisch.

Pantothensäure (Vitamin B5)wird zur Bildung von Fettsäuren, Cholesterin und bestimmten Hormonen benötigt. Es ist wichtig für den gesamten Stoffwechsel, erhöht die Resistenz der Schleimhaut gegen Erreger, unterstützt die Beweglichkeit der Spermien und fördert das Haarwachstum. Bei Mangelerscheinungen können sich Müdigkeit, Appetitlosigkeit, Herzrasen, Depressionen, Zittern, Muskelkrämpfe, Gedächtnisstörungen und Abwehrschwäche bemerkbar machen. Die empfohlene Tagesdosis bei einer ausgewogenen Ernährung liegt bei 6 – 10 mg (geschätzt). Hauptlieferanten sind Leber, Niere, Wassermelonen, Blumenkohl, Steinpilze, Brokkoli oder im Handel erhältliches Calciumpantothenat.

Mineralstoffe

Eisen ist gut fürs Blut. Eisenmangel macht Kopfschmerzen. Calcium bewahrt vor Knochenschwund. Das Multitalent Calcium hilft den Enzymen bei der Steuerung des Stoffwechsels. Noch viele wichtige Eigenschaften könnten aufgeführt werden.

Der Mensch braucht Magnesium, Calcium und Selen. Mit einer abwechslungsreichen und ausgewogenen Ernährung ist eine ausreichende Zufuhr im Normalfall Gewähr leistet. Aus Angst, mit dem Essen nicht genügend Vitamine und Mineralstoffe aufzunehmen, schlucken viele Menschen Pillen. Bevor Sie jedoch womöglich eine Überdosierung riskieren, sollten diese Menschen bei Ihrem Arzt einmal im Jahr ein Blutbild machen lassen.

Mineralstoffe und Spurenelemente sind notwendig für das Funktionieren eines jeden Organismus. Natrium und Kalium, Calcium, Magnesium, Eisen, Jod, Fluor, Kupfer, Selen, Mangan und Chrom gehören dazu. Normalerweise sind sie im Körper ausreichend vorhanden. Insgesamt 21 solcher Elemente, so haben Mediziner und Biochemiker herausgefunden, sorgen in einer fein dosierten Mischung für die erfolgreiche Arbeit von Organen, Muskeln und Nerven. Es sind Bestandteile von Salzen, die der Mensch mit der Nahrung aufnimmt. Und weil er sie immer wieder über die Nieren, Darm und Haut ausscheidet, muss er die Depots permanent auffüllen.

Mineralstoffe und Spurenelemente liefern keine Energie, sondern sind „Zündkerzen“ für viele chemische Reaktionen im Körper. Sie bilden Knochen und Zahnsubstanz, unterstützen Enzyme bei den Stoffwechselvorgängen, sorgen für die Reizleitung der Nerven, steuern die Durchlässigkeit von Zellwänden, regeln Säuregehalt und Druck im Gewebe. Das komplizierte Wechselspiel haben Mediziner noch längst nicht vollkommen durchschaut. Zumal die Konzentrationen der Stoffe von Individuum zu Individuum schwanken. Alter und Geschlecht, Hormone, Alkohol-, Zigarettenkonsum spielen eine Rolle. Vor allem aber sind die Ernährungsgewohnheiten wichtig.

Die lebenswichtige Bedeutung der Mineralprisen nutzt die Pharmaindustrie, um sie gesundheitsbewussten Bürgern in Pillen und Tabletten anzubieten und macht dabei ein fantastisches Geschäft. Die Bundesbürger greifen zu. Mineralien sind in Mode. Vor allem seit in Deutschland die neue Gesundheitsreform Ärzten das Verschreiben solcher Mittel erschwert hat, verordnen sich die Deutschen die Pillen und Tabletten zunehmend selbst. Weil viele der Präparate nicht als Arznei, sondern als Nahrungsergänzung (Lebensmittel) gelten, sind sie auch im Supermarkt zu haben.

Doch viel hilft nicht immer viel, auf die richtige Dosierung kommt es an. Und Vorsicht ist geboten. Etwa beim Magnesium, das nahezu an allen Stoffwechselfunktionen des Körpers beteiligt ist. So darf sich jemand auf die Herzinfarktprophylaxe, die beispielsweise eine Anzeige für das Magnesiummittel „Magnerot" verspricht, keinesfalls verlassen. Zu viel von dem Stoff kann sogar Krankheiten erst auslösen. Anti-Sodbrennen-Mittel z. B. enthalten Magnesium. Auf Grund gefährlicher Erfahrungen mit Überdosierungen warnen Internisten. Ärzte und Konsumenten sollten die mögliche Giftigkeit von Magnesium nicht unterschätzen.

Auch Calcium will wohl dosiert sein. Es ist für die Knochenbildung sowie für Nerven- und Muskelfunktionen unentbehrlich; ohne Calcium gibt es auch keine Blutgerinnung. Ein Erwachsener hat ca. ein Kilogramm davon im Körper, zu 99 Prozent im Skelett. Wenn der Körper zu wenig davon aufnimmt, holt er es sich zunächst von innen – aus den Knochen und ein Mangelzustand wird erst bemerkt, wenn bereits Wirbel und Schenkelhals mürbe geworden sind und bei einem Sturz leicht brechen.

Vor allem Hormone spielen bei der Verwertung des Minerals im Körper eine rolle, etwa die Östrogene bei der Frau. Wenn diese in den Wechseljahren nicht mehr ausreichend produziert werden, beschleunigt das den Knochenabbau. Rückenschmerzen sind die Folge. Ein Drittel aller Frauen leidet darunter. Die Behandlung mit künstlichen Hormonen und Calcium unter Zugabe von Vitamin D verringert das Risiko dieser Erkrankung.

Doch wegen solcher Alterssorgen einfach Calciumtabletten in sich hineinzufuttern, kann für Gesunde gefährlich werden. Bei zu hoher Zufuhr des Minerals drohen Blasen- und Nierensteine.

Auch Selen ist nur ein Segen in kleinen Mengen. Zehn bis 15 Milligramm hat ein Erwachsener von diesem Spurenelement im Körper. Es schützt die Zelle und stärkt das Immunsystem. Es soll vor Rheuma bewahren, den Herzmuskel stimulieren und vieles andere mehr. Selbst eine Wirkung gegen Krebs wird dem Wundermittel zugeschrieben – doch eine Menge solcher Lobeshymnen sind reine Spekulation. Bei zu großer Selen-Aufnahme jedoch drohen schreckliche Symptome. Quälende Durchfälle, Erbrechen, Krämpfe, Herzmuskelschwäche und sogar eine Leberschrumpfung können die Folge sein. Haarausfall und Fingernägelbrüche kommen vor.

Ob Selen, Eisen oder Zink, Mangan oder Kupfer – der Mineralien-Mix für den Körper ist sicher gestellt, wenn man richtig isst. Fisch, Fleisch, Gemüse, Salate und Milchprodukte, eben Vollwertkost, Gewähr leisten eine perfekte Versorgung mit allen Substanzen. Nur wo wirklich Verdacht auf Mineralstoff- und Spurenelemente-Mangel besteht, machen Zusatzprodukte einen Sinn. Zunächst sollte allerdings der Arzt oder Heilpraktiker aufgesucht werden. Durch Blut-, Urin-, und Stuhluntersuchung kann er die Konzentration der Stoffe im Organismus feststellen und gegebenenfalls Fehlendes ersetzen.

Mineralstoffmangel

Zu den Menschen, die schnell unter einem Mineralmangel leiden, zählen vor allem Ältere, die nicht mehr richtig kauen, weil die Zähne nicht mitmachen oder die keine Lust mehr am Kochen haben. Dann wird die Nahrung nicht mehr richtig verdaut, Mineralien und Spurenelemente werden nicht ausreichend vom Organismus aufgenommen. Gefährdet sind außerdem Kranke, die regelmäßig Entwässerungstabletten nehmen, um ihr Herz zu entlasten. Denn mit dem Wasser schwemmen diese lebenswichtige Stoffe auf dem Körper. Auch Leute, die oft schwitzen, verlieren eine Menge davon, wie z. B. Hochofenarbeiter oder Sportler. Die zum Teil mit aufwändiger Werbung angebotenen Mineraldrinks sind nicht geeignet, den zusätzlichen Bedarf an Mineralien und Spurenelementen abzudecken. Darüber hinaus verzögert ein zu hoher Zuckergehalt in einige Getränken die Magenentleerung und so die Aufnahme der Mineralien im Darm während und nach körperlicher Belastung. Schon der Wechsel zu natürlichen Obstsäften und Mineralwässern kann hier einiges bewirken.

Jodmangel

So gut auch der Durchschnittsbürger in Deutschland mit fast allen Mineralstoffen und Spurenelementen durch gesunde Ernährung versorgt ist, so häufig fehlt das Jod. Eine vergrößerte Schilddrüse ist häufig die Folge. Diese kann dann vollkommen unkontrolliert Überdosen ihres Hormons ins Blut abgeben. Das Herz reagiert darauf wie ein Automotor bei Vollgas im ersten Gang. Jodmangel ist der Verursacher dieser Beschwerden. Dieses Spurenelement fehlt vielen Deutschen, weil es ja in heimischen Grundnahrungsmitteln kaum enthalten ist. Denn in den deutschen Böden gibt es zu wenig Jod. Am Ende der Eiszeit haben die schmelzenden Gletscher den Stoff ins Meer gespült. In einer Studie dokumentierten Ärzte mit einem Schilddrüsen-Diagnose-Mobil den Mangel. Sie bereisten mehrere Monate über 30 deutsche Städte und bestimmten bei 7 000 Personen aller Altersgruppen die Lage und die Größe der Schilddrüse. Das Ergebnis: Jeder zweite hatte einen beginnenden Kropf. Derzeit müssen sich rund 90.000 Bundesbürger im Jahr an der Schilddrüse operieren lassen; die Kropfoperation ist die vierthäufigste Operation in Deutschland. Milliarden Kosten könnten vermieden werden, wenn die Bevölkerung ausreichend mit Jod versorgt würde. Das heißt: Überall, in Kantinen und Schlachtereien, Lebensmittelfabriken und im Haushalt muss jodiertes Speisesalz verwendet werden. Achten Sie deshalb bitte darauf, dass Sie möglichst nur jodiertes Speisesalz kaufen.

Mineralstoffe – kleine Dosis – enorme Wirkung

Wissenschaftler haben die Mineralstoffe in zwei große Gruppen eingeteilt: in die Mengen- und die Spurenelemente. Zu den Mengenelementen zählen Natrium (Na), Chlorid (Cl), Kalium (K), Calcium (Ca), Phosphor (Ph) und Magnesium (Mg). Zusammengerechnet machen sie fünf Prozent unseres Körpergewichts aus; bei 50 Kilo immerhin zweieinhalb Kilogramm. Deshalb heißen sie Mengenelemente. Zu den Spurenelementen gehören Eisen (Fe), Jod (J), Zink (Zn), Selen (Se), Mangan (Mn), Cobalt (Co), Chrom (Cr), Molybdän (Mb), Kupfer (Cu) und Fluor (Fl). Die Gesamtmenge der Spurenelemente im Körper beträgt ganze 10 Gramm.

Die wichtigsten Mineralstoffe und ihre Wirkung

Natrium reguliert das Flüssigkeitsgleichgewicht (Niere) und die Nerven- und Muskelerregbarkeit und ist an der Regulation des Säure-Basen-Gleichgewichts beteiligt. Die empfohlene Tagesdosis bei ausgewogener Ernährung liegt bei Erwachsenen bei ca. 2 – 3 g (Kochsalz), bei Kindern ca. 1 – 2 g , bei Säuglingen ca. 01 – 03 g. Häufig werden diese Werte überschritten. Hauptlieferanten für Natrium sind Fleisch- und Wurstwaren, Hartkäse, Kochsalz und Kaviar.

Chlor in Form von Chlorid spielt mit dem Natrium die Hauptrolle in der Flüssigkeitsregulation des Organismus. Natrium und Chlorid bilden zusammen das NaCl, das ist unser bekanntes Kochsalz. Die empfohlene Tagesdosis liegt bei 3 – 5 g. Hauptlieferanten sind alle kochsalzhaltigen Lebensmittel.

Kalium steuert elektrische Vorgänge in den Nerven- und Muskelzellen und den Flüssigkeitshaushalt. Die empfohlene Tagesdosis liegt für Erwachsene und Jugendliche liegt bei 2 – 4 g, Kinder bei 1 – 3 g und Säuglinge bei 0,3 – 1g. Hauptlieferanten sind besonders Pflanzenkost, Kakaopulver, Knoblauch, Kartoffeln, Grünkohl, Bananen, Bierhefe, Spinat, Pistazienkerne, Avocado, Datteln, Forelle, Lachs und Hase.

Calcium gibt Knochen und Zähnen Festigkeit, reguliert Muskelkontraktionen und die Übermittlung von Nervensignalen. Calcium ist ein wichtiges Glied in der Blutgerinnungskette, wirkt antiallergisch und bewahrt vor Knochenschwund (Osteoperose). Im Körper eines Erwachsenen sind ca. 1 kg Calcium eingelagert. Bei einer ausgewogenen Allgemeinernährung wird eine Tagesdosis von 900 mg für Erwachsene, 1 200 mg für Jugendliche und Schwangere empfohlen. Hauptlieferanten sind Milchprodukte, Sauerkraut, Sojabohne und Gemüse. Zusätzliches Vitamin D erhöht die Aufnahmebereitschaft von Calcium.

Phosphor ist ein Bestandteil der DNS. Der Phosphor-Gehalt ist zu 90% in den Knochen und Zähnen gespeichert und ist wichtig für den intermediären Stoffwechsel von Muskeln und Gehirn. Phosphor und Calcium müssen sich im Gleichgewicht befinden. Die geschätzte empfohlene Tagesdosis liegt bei 0,8 – 1,5 g. Hauptlieferanten sind Weizen und Weizenkeime, Mohnsamen, Kürbiskerne, Sojabohnen, Lecithin, Leber, Käse und Hefe.

Magnesium ist ein Baustoff für die Knochen und die Zähne. Es ist an der Steuerung von Muskel- und Nervenfunktionen und am Aufbau von Enzymen beteiligt. Mit Magnesium sind wir meist unterversorgt, weil die landwirtschaftlichen Böden magnesiumarm sind und durch industrielle Verarbeitung von Lebensmitteln Magnesium verloren geht. Die empfohlene Tagesdosis liegt bei 350 mg. Stillende Frauen können die Dosis bis 375 mg erhöhen. Hauptlieferanten sind Milch und Milchprodukte, Vollkornprodukte, Hülsenfrüchte, Kartoffeln, Geflügel, Fleisch und Nüsse.

Spurenelemente

Mangan, Cobalt, Chrom, Kupfer und Zink sind wichtig zur Enzymsymthese (Enzymbildung).

Eisen ist gut fürs Blut. Es wichtig für die Bildung von roten Blutkörperchen, die den Körper mit Sauerstoff versorgen. Eisenmangel macht Kopfschmerzen und zu viel Eisen schädigt Organe wie Leber und Herz. Bei einer ausgewogenen Allgemeinernährung wird eine Tagesdosis von 10 mg für Erwachsene, 30 mg für Schwangere und 20 mg für Stillende empfohlen. Hauptlieferanten sind Gemüse, besonders aber Wirsing, Fleisch, Innereien, Hülsenfrüchte, Vollkorn, Bohnen, Erbsen und Eigelb. Die Aufnahme von Eisen wird durch Vitamin C verbessert.

Jod wird in der Schilddrüse gespeichert. Ein Mangel führt zu Hypothyreose (Schilddrüsenunterfunktion). Jod ist die Ausgangssubstanz für die Bildung der Schilddrüsenhormone. Wer jeden Tag Seefisch isst, ist ausreichend mit Jod versorgt. Beim Kochen sollten Sie jodiertes Speisesalz verwenden und mit Jodsalz gewürzte Lebensmittel kaufen. Die empfohlene Tagesdosis liegt bei 200 μg für Erwachsene, 230 μg für Schwangere und 60 μg für Stillende. Hauptlieferanten sind Milch und Milchprodukte, jodiertes Speisesalz, Lebertran, Seefisch und Eier. Bratfisch enthält übrigens mehr Jod als Kochfisch.

Zink spielt bei ca. 60 Enzymen eine wichtige Rolle. Es stimuliert das Immunsystem, ist an der Synthese von Keratin (wichtig für Haare und Nägel) beteiligt und spielt für die Netzhaut eine wichtige Rolle; es verbessert das Dämmerungssehen. Die empfohlene Tagesdosis beträgt für Erwachsene 12 – 15 mg, bei Schwangeren 20 mg und bei Stillenden 25 mg. Hauptlieferanten: sind Milch und Milchprodukte, Schalentiere, Seefisch, Fleisch, Leber und Eier.

Selen zerstört zusammen mit Vitamin E Freie Radikale und schützt gegen Krebs. In höheren Dosierungen ist Selen sehr giftig. Die empfohlene Tagesdosis liegt bei 20 – 100 μg. Als Hauptlieferanten bieten sich Getreideprodukte, Fleisch, vor allem Leber, Hülsenfrüchte, Meeresfrüchte und Nüsse an.

Mangan spielt eine wichtige Rolle bei der Bildung vieler Enzyme, bei der Blutbildung und bei den Gerinnungsfaktoren. Eine Mangelerscheinung ist eher selten, da Mangan in der Nahrung ausreichend vorhanden ist. Es wird eine Tagesdosis von 2 – 5 mg empfohlen. Hauptlieferanten sind Hülsenfrüchte, Vollkorn, Nüsse und Tee.

Cobalt ist wichtig bei der Enzymsynthese (Enzymbildung). Außerdem ist es Bestandteil von Vitamin B12 und hat damit eine wichtige Rolle in der Blutbildung. Cobalt begünstigt die Eisenresorption (Aufnahme) im Dünndarm. Es ist keine empfohlene Tagesdosis bekannt. Hauptlieferanten sind Fleisch und Leber.

Chrom ist ebenfalls notwendig bei der Enzymbildung. Außerdem wirkt es als Aktivator von Insulin auf den Kohlenhydrat- und Fettstoffwechsel. Eine Mangelerscheinung tritt meist nur nach einer Ernährung durch Infusionen über einen längeren Zeitraum auf. Die empfohlene Tagesdosis liegt bei 50 – 200 μg (Mikrogramm). Hauptlieferanten sind Vollkornprodukte, Pflanzenöle, Bierhefe und Fleisch.

Molybdän ist ein Schwermetall und Bestandteil vieler Enzyme (hauptsächlich Entgiftungsenzyme). Es unterstützt dadurch die Nierenfunktionen. Molybdän schützt als eine Art Rostschutzmittel unsere Zellen und hat eine gewisse Bedeutung für die Fruchtbarkeit von Mann und Frau. Der Mensch benötigt in seinem ganzen Leben nur insgesamt 12 Gramm Molybdän; deshalb wird die empfohlene Tagesdosis in millionstel Gramm angegeben. Hauptlieferanten sind Hülsenfrüchte, Rinderniere, Meersalz und Algen.

Kupfer spielt eine Rolle bei der Bildung von Hämoglobin (roter Blutfarbstoff). Es ist notwendig zur Aufnahme von Eisen aus dem Dünndarm. Mit Hilfe des Kupfers kann der Körper gespeichertes Eisen verwenden. Eine Mangelerscheinung tritt selten auf, höchstens nach längerer künstlicher Ernährung oder bei einseitig mit Kuhmilch ernährten Kindern. Die empfohlene Tagesdosis liegt bei 1,5 – 3 mg. Hauptlieferanten sind Hülsenfrüchte, Schellfisch, Austern, Nüsse, Leber und Niere.

Fluor ist eingelagert in Knochen und Zähnen. Es stimuliert die Knochenzellen, härtet Knochen und Zähne und schützt gegen Karies. Es wird eine Tagesdosis von 1,5 – 4 mg empfohlen. Hauptlieferanten sind fluoriertes Trinkwasser, schwarzer Tee und Meerestiere.

Wenn Sie zusätzliche Energie für den Organismus brauchen!

Ausgewogene Ernährung enthält meistens ausreichend Vitamine und Mineralstoffe. Wer gesund ist und sich ausgewogen ernährt, bekommt normalerweise alle notwendigen Vitamine und Mineralstoffe. Es gibt jedoch viele Situationen, bei denen die Vitalstoffbilanz des Körpers leicht ins Minus rutscht, zum Beispiel extreme körperliche Belastungen, dauerhafter Stress, Belastungen durch das Rauchen oder eine Schwangerschaft. Um dann das Gleichgewicht wiederherzustellen, können Vitamine und Mineralstoffe helfen.

In der folgenden Aufstellung finden Sie solche typischen Situationen und auch gleich die richtigen Vitamine und Mineralstoffe, die Defizite ausgleichen können. Wichtig: nicht höher dosieren als auf der Packung angegeben.

Achtung: Zur Selbstbehandlung in hoch dosierter Form nicht geeignet sind die Vitamine A und D, außerdem Eisen und Spurenelemente wie Chrom, Molybdän und Mangan. Diese Stoffe können bei einer Überdosierung großen Schaden anrichten und sollten von einem Arzt verordnet werden.

Wenn Sie sportlich aktiv sind

- Magnesium
- Vitamin-B-Komplex

Magnesium ist beim Sport der Dreh- und Angelpunkt des

Geschehens. Es bringt den Energiestoffwechsel in Fahrt. Mit zusätzlichen Mengen werden Sie deutlich leistungsfähiger. Bei einer Dosis von 250 bis 500 Milligramm pro Tag kann der Körper bis zu 20 Prozent mehr Sauerstoff aufnehmen und dadurch Energiereserven besser nutzen. Der Vitamin-B-Komplex unterstützt diese Abläufe noch.

Wenn Sie rauchen

- Vitamin C
- Vitamin E
- Beta-Karotin

Raucher brauchen mindestens 50 Prozent mehr Vitamin C. Schuld daran sind Freie Radikale, die bei jedem Zug der Zigarette billionenfach inhaliert werden. Vitamin C bekämpft diese Schädlinge gemeinsam mit Vitamin E und Beta-Karotin.

Wenn Sie unter beruflichem oder privatem Stress stehen

- Magnesium

- Vitamin C

- Vitamin B-Komplex

Magnesium hilft gegen Stress. Je geringer der Magnesiumgehalt in den Zellen, desto stressanfälliger sind wir. Durch Stress wiederum werden die Magnesium-Reserven verbraucht. B-Vitamine haben eine positive Wirkung auf die Nerven. Vitamin C unterstützt den Körper bei der Bewältigung von seelischen Belastungen.

Wenn Sie häufig unter Muskelkrämpfen leiden

- Magnesium
- Calcium
- Vitamin E

Muskelkrämpfe, besonders nachts, sind meist ein Anzeichen für einen Magnesium- oder Calcium-Mangel. Bei Ausgleich diese Mangels sind die Symptome meist schon nach ein paar Tagen verschwunden. Es reichen täglich je 300 Milligramm Magnesium und Calcium. Vitamin E unterstützt den Muskel zusätzlich in seiner Funktion.

Wenn Sie häufig erkältet sind

- Vitamin C
- Vitamin E
- Beta-Karotin
- -Zink

Vitamin C hilft vorbeugend, weil es die Nasenschleimhäute aufbaut, die die Krankheitserreger rechtzeitig abfangen. Zusammen mit Vitamin E und Beta-Karotin unterstützt es die körpereigenen Abwehrkräfte. Zink aktiviert bestimmte Thymuspeptide, die wir für ein gut funktionierendes Immunsystem brauchen.

Frauen die Antikonzeptiva (Pille) nehmen

- Folsäure
- Vitamin B 2 und B 6

Frauen, die jahrelang die Pille nehmen, haben bis zu 40 Prozent reduzierte Folsäurewerte im Blut. Das ist weitaus weniger als sie brauchen um gesund zu bleiben. Die Östrogene behindern die Aufnahme von Folsäure aus den Nahrungsmitteln. Sie sollten Folsäure regelmäßig als zusätzliche „Pille" einnehmen. Auch Vitamin B2 kann knapp werden. Physiologen sind der Meinung, dass auf jeden Fall zusätzlich Vitamin B6 genommen werden sollte. Durch die künstlichen Hormone steigt der Bedarf an diesem Vitamin gewaltig.

Frauen mit Menstruationsbeschwerden (prämenstruelles Syndrom)

- Magnesium
- Vitamin B6

Magnesium hat eine regulierende und entspannende Wirkung auf Nerven und auf die Muskeln. Dadurch werden auch Krämpfe des Uterus (Gebärmutter) verhindert oder abgeschwächt. Vitamin B6 beschleunigt den Östrogenabbau in der Leber. Östrogene werden im Wesentlichen für die Beschwerden verantwortlich gemacht.

Wenn die Wechseljahre nahen

- Calcium
- Magnesium
- Pantothensäure
- Vitamin C und E

Nehmen Sie nicht gleich Hormone. Magnesium und Calcium entspannen die Muskulatur. Wenn Sie außerdem noch sportlich aktiv sind, bleiben Ihre Knochen lange fest und belastbar. Das Vitamin E mildert Hitzewellen (sagen amerikanische Wissenschaftler). Pantothensäure kann Ihnen bei Schlafstörungen und Abgeschlagenheit helfen.

Schwangerschaft

Damit Schwangere optimal mit Nährstoffen versorgt sind, sollten sie zusätzlich Calcium, Magnesium, Eisen und vor allem Folsäure einnehmen.

Ab dem 4. Monat brauchen Schwangere bis zu 300 Kalorien täglich mehr. Durch mehr Essen wird der Mehrbedarf an für Mutter und Kind wichtigen Vitalstoffen aber in der Regel nicht gedeckt. Noch mehr zu essen ist auch keine Lösung und führt nur zu überflüssigen Pfunden. In diesem Fall ergänzen Sie die benötigten Biostoffe.

• Calcium

Das Ungeborene braucht viel Calcium, besonders in den letzten drei Schwangerschafts-Monaten, damit sich die Knochen festigen können. Von Beginn der Schwangerschaft an sollten Sie 1200 Milligramm Calcium nehmen, denn die Mutter muss ja nicht nur für den kindlichen, sondern auch für ihren eigenen Calciumhaushalt sorgen.

• Eisen

Die Eisenversorgung ist auch bei nicht schwangeren Frauen kritisch. Viele haben deswegen schon zu wenig Eisen, Wenn sich der Nachwuchs ankündigt. Im sechsten bis achten Monat sind dann meistens sämtliche Eisenreserven erschöpft. Manche Kinder werden schon mit einem Eisenmangel geboren. Die DGE (Deutsche Gesellschaft für Ernährung) empfiehlt 30 Milligramm pro Tag einzunehmen. Über die Ernährung ist das nicht zu schaffen.

Weil besonders eine Eisenüberdosierung schaden kann, sollte es nur vom Arzt nach einer sorgfältigen Untersuchung verordnet werden. Auf jeden Fall wird durch gleichzeitige Einnahme von Vitamin C der Körper das zusätzliche Eisen besser verwerten.

• Magnesium

Ein Magnesiummangel während der Schwangerschaft kann Fehl- und Frühgeburten auslösen. Frauen mit zu wenig Magnesium bringen deutlich kleinere Kinder zur Welt. Gynäkologen verschreiben üblicherweise 300 Milligramm pro Tag. Der Grund: Während der Schwangerschaft wird bis zu 25 Prozent mehr Magnesium über die Nieren ausgeschieden.

• Folsäure

Die Bedeutung dieses Vitamins ist lange Zeit unterschätzt worden. Während der Schwangerschaft erhöht sich der Bedarf auf 300 Mikrogramm pro Tag, die Ernährung liefert aber meist nur ein Drittel dieser Menge. Ein Folsäuremangel während der Schwangerschaft erhöht das Risiko für Fehl- und Frühgeburten. Schlimmer noch: Fehlt Folsäure zu Beginn der Schwangerschaft, kann es zu Missbildungen beim Kind kommen. Sie entstehen schon in der dritten Schwangerschaftswoche! In den USA wird daher Frauen, die schwanger werden wollen, empfohlen, vorsorglich mindestens 400 Mikrogramm Folsäure einzunehmen. Auch bei uns schließen sich immer mehr Gynäkologen dieser Empfehlung an.

Vital- und Biostoffe als Medikation

Mit gesunder und abwechslungsreicher Ernährung bekommt unser Körper alle Vitamine und Mineralstoffe, die er braucht. Es gibt jedoch viele Lebenssituationen, in denen es sinnvoll ist, zusätzlich Präparate einzunehmen. In manchen Fällen helfen Mineralstoffe und Vitamine wie ein Arzneimittel.

Wenn Sie leicht reisekrank werden

- Vitamin B6
- Magnesium

Wenn Ihnen beim Fliegen, Auto- oder Bahnfahren leicht übel wird, sollten Sie Vitamin B6 nehmen, es beruhigt den Magen. Magnesium sorgt zusätzlich für Entspannung. Zum Vorbeugen: eine Stunde vor Reisebeginn jeweils eine Tablette nehmen. Über die Dosierung lassen Sie sich am besten vom Arzt/Heilpraktiker oder in der Apotheke beraten.

Wenn Sie einen Sonnenbrand bekommen haben

- Pantothensäure
- Beta-Karotin
- Vitamin E und C
- Niacin
- Zink

Nach einen Sonnenbrand muss die Haut vor weiteren Schäden durch UV-Strahlen geschützt werden, die ja auch im Tageslicht enthalten sind. Dabei helfen Niacin, Beta-Karotin, Vitamin E und Vitamin C. Pantothensäure und Zink lassen die Haut schneller heilen.

Gesichtskontrolle!

Bevor wir uns der Schönheitspflege zuwenden, wollen wir Ihr Gesicht einmal etwas näher betrachten. Nein, es geht jetzt nicht um die Fältchen. Sondern um die verschiedenen Gesichtspartien allgemein. Heilpraktiker, die nach chinesischer Lehre arbeiten, interessieren sich besonders für sie, denn sie lesen ihren Patienten vom Gesicht ab, was ihnen fehlt! Solch ein Gesichts-Check ersetzt zwar keinen Arztbesuch, aber ein kritischer und offener Blick in den Spiegel kann so manches enthüllen und hin und wieder nicht schaden.

Mundwinkel: Wenn sie wund und eingerissen sind, dann ernährt man sich vermutlich zu fettreich oder zu „sauer". Chinesische Heiler sind auch überzeugt davon, dass sie Störungen im Zwölffingerdarm anzeigen. Falls Sie wunde Mundwinkel haben, dann verzichten Sie mal eine Zeit lang auf Alkohol, Kaffee und Zitrusfrüchte.

Lippen: Sie leiden ständig unter Bläschen, unter Herpes oder rissigen Lippen? Dann sollten Sie einmal den Magen untersuchen lassen. Eine geschwollene Unterlippe kann ebenfalls ein Hinweis auf eine Magen-Darm-Störung sein.

Tränensäcke: Wer sie hat, sollte sich seine Angehörigen genauer anschauen, denn häufig sind sie Veranlagung. Allerdings kann sich auch eine Nierenschwäche in Ihnen zeigen. Stellen Sie Ihre

Ernährung um auf Vollkornprodukte, Gemüse, Algen und Fisch. Abschwellende Wirkung haben kühle Schwarztee-Kompressen (überbrühen und abkühlen lassen) und die sogenannten Eisbrillen.

Kinn: Laut chinesischer Lehre symbolisiert das Kinn den Unterleib. Hormonelle Umstellungen und Schwankungen zeigen sich hier. Viele Frauen bekommen hier vor ihren Tagen Pickel. Falls Sie dazugehören: Versuchen Sie es einmal mit einer gründlichen Darmsanierung in Form einer Fastenkur in Kombination mit einer Ernährungsumstellung. Was vom Speiseplan gestrichen werden sollte: Schweinefleisch, Fett, Milch und Zucker.

Nasenunterseite: Reichlich Frischluft und noch mehr Blattgemüse ist die Empfehlung für Menschen, die unter einem entzündeten Nasensteg leiden. Möglich ist, dass sie zu viel Milchprodukte essen.

Schläfen: Wer öfter Schmerzen in diesem Bereich hat, sollte seine Gallenblase untersuchen lassen. Laut chinesischen Heilern besteht eine Verbindung zwischen Galle und Schläfen.

Augenwinkel: Gereizte oder juckende Haut im Augenwinkelbereich kann ein Hinweis auf falsche Ernährung sein. Die Reizungen können von den Körpergiften hervorgerufen werden, die mit der Augenflüssigkeit abgegeben werden. Möglich ist aber auch ein Mangel an Vitamin B2 und B6.

Nasenrücken: Er symbolisiert die Wirbelsäule. Ist Ihre Nase etwas gekrümmt oder schief? Dann kann es sein, das die Wirbelsäule verschoben ist und damit Rückenschmerzen einhergehen.

Nasenspitze: Sie wird mit dem Herzen in Verbindung gebracht. Eine dauerhaft gerötete Nasenspitze kann auf ein Herz-Kreislauf-Problem hinweisen. Möglich ist aber auch eine Störung des Blutzuckerspiegels.

Masken, die strahlend schön machen

Natürlich ist es ein wunderbares Gefühl, sich in der Parfümerie eine exquisite Maske zu kaufen und das Gesicht mit den exklusiven Inhaltstoffen zu verwöhnen. Doch auf Dauer wird das ein teurer Spaß. Und außerdem: jeder halbwegs gut gefüllte Kühlschrank, der Garten und auch der Wegrand bieten Schönheitselixiere von der feinsten Art!

Beginnen wir mit einer Reinigungsmilch, die die Haut rosig und glatt macht. Dafür brauchen Sie 2 Esslöffel püriertes Avocadofruchtfleisch, 1 Eigelb und 3 Esslöffel Milch. Verrühren Sie alle Zutaten und massieren Sie die Avocado-Milch nach der Reinigung Ihres Gesichtes sanft in die Haut ein. Dann mit lauwarmen Wasser abwaschen.

Falls Sie gereizte Haut haben, hilft eine Blitzkur mit Buttermilch.Kaufen Sie sich einen Becher Buttermilch und massieren Sie täglich (bis der Becher aufgebraucht ist) etwas davon in die gereinigte Haut ein. Dann mit lauwarmen Wasser abwaschen. Schon nach wenigen Anwendungen ist die Haut beruhigt und sind die Rötungen verschwunden.

Quark und Schlüsselblumen sind im Frühling das Geheimrezept gegen Hautunreinheiten. Sammeln Sie eine Hand voll der Blüten und kochen Sie sie mit einer Tasse Wasser auf. Lassen Sie das ganze mindestens eine Stunde ruhen. Danach gießen Sie die

Blüten ab, drücken Sie sie aus und vermischen sie mit drei Esslöffeln Quark. Auftragen und 15 Minuten antrocknen lassen. Nehmen Sie die Maske mit reichlich lauwarmen Wasser ab. Während der Schlüsselblumenextrakt abkühlt, sollten Sie einen Allergietest machen, da manche Menschen Schlüsselblumen nicht vertragen. Betupfen Sie dafür eine Stelle am Unterarm mit einer kleinen Menge der ausgedrückten Blüten. Zeigt sich nach einer Stunde keine Reaktion, können Sie die Maske bedenkenlos anwenden.

Machen Sie im Sommer eine Hautkur mit Ringelblumentee. Sammeln Sie die Blüten und überbrühen Sie für eine Anwendung 2 Teelöffel davon mit kochendem Wasser. 10 Minuten ziehen lassen. Danach seihen Sie die Blumen ab und geben kleine Mengen des Tees auf einen Wattebausch. Die gewaschene Haut damit reinigen. Zehn Tage sollten Sie täglich mindestens einmal – am besten vor dem Schlafengehen – die Haut so behandeln. Danach sind Rötungen und Hautunreinheiten zurückgegangen.

Zur Erdbeerzeit können Sie Ihr Gesicht mit einer Erdbeermaske verwöhnen. Zerdrücken Sie dafür einige Erdbeeren und mischen Sie die Masse unter eine gute Nährcreme. Auftragen und 15 Minuten einwirken lassen. Dann mit lauwarmen Wasser abspülen.

Sie haben trockene Haut? Mischen Sie dann 2 Teelöffel Butter unter etwas gute Creme und tragen Sie die Masse dick auf Ihr

Gesicht auf. Etwa 20 Minuten einwirken lassen, Reste mit einem Wattebausch oder Kosmetiktuch entfernen.

Wenn die Temperaturen steigen, können Sie öfter am Tag Ihr Gesicht mit einem erfrischenden und duftenden Gesichtswasser abtupfen. Zum Beispiel mit einem aus Rosenblüten. Sammeln Sie dafür eine Hand voll Blütenblätter und übergießen Sie diese mit einem halben Liter kochendem Wasser. Eine Viertelstunde ziehen lassen, dann abgießen. Geben Sie das Rosenwasser in eine Flasche und geben Sie drei Teelöffel Reinigungsalkohol (aus der Apotheke) hinzu.

Eine herrlich entspannende Maske – ideal nach einem hektischen und anstrengenden Arbeitstag – erhalten Sie aus folgenden Zutaten: 3 Esslöffel Quark und 1 Esslöffel Honig. Verrühren Sie beides und tragen Sie die Quark-Honig-Maske auf das gereinigte Gesicht auf. Mindestens 20 Minuten trocknen lassen. Entspannen Sie sich während dieser Zeit auf dem Sofa oder auf dem Bett und lassen Sie sanfte Musik im Hintergrund laufen. Dann die Maske abnehmen. Das Gesicht strahlt erfrischt und wirkt gesund und rosig.

Eine herrlich erfrischende Maske bereiten Sie aus Zitrone und Quark. Pürieren Sie das Fruchtfleisch einer Zitrone und mischen Sie das Püree mit 2 Esslöffeln Quark. Tragen Sie die Masse auf das gereinigte Gesicht auf und entspannen Sie sich etwa 15 Minuten lang. Dann die Masse mit lauwarmen Wasser abspülen.

Vitamine sind nicht nur für viele Vorgänge in unserem Organismus nötig, auch unsere Haut braucht sie. Verwöhnen Sie Ihre Haut doch fortan mit einer Extraportion Vitamine. Dafür mischen Sie unter Ihre ganz normale Tagescreme einen Spritzer Zitronensaft und einige Tropfen Karottensaft. Auftragen und nach 15 Minuten die Reste mit einem Wattebausch abnehmen.

Und schließlich noch eine Sommermaske, die entzündungshemmend wirkt und Pickeln den Kampf ansagt: Sammeln Sie eine Hand voll Brombeerblätter und kochen Sie diese mit etwas Wasser zu einem Brei ein. Lauwarm auf die gereinigte Haut auftragen und etwa 15 Minuten einwirken lassen. Dann mit lauwarmen Wasser abnehmen.

So trinken Sie sich fit

Jeder weiß es, doch vielen fällt es schwer – besonders Frauen: Mindestens zwei Liter Wasser sollte man am Tag trinken. Warum? Ohne Wasser würde der menschliche Organismus innerhalb weniger Tage zusammenbrechen.

- Wasser ist nötig für den Nährstofftransport, denn es bringt die Nährstoffe dorthin, wo sie benötigt werden. Ohne Wasser könnten die Zellen nicht versorgt werden.

- Wasser schwemmt die Abfallprodukte über die Nieren aus dem Körper aus. Es hilft also bei der Entgiftung.

- Wasser hilft dem Körper, seine Temperatur von circa 37 Grad zu halten. Wenn wir uns anstrengen und ins Schwitzen kommen oder wenn die Außentemperatur höher ist, bildet sich Schweiß, der auf der Haut verdunstet. Dabei entsteht auf der Hautoberfläche ein Kältefilm, der die Körpertemperatur beeinflusst. Ohne diese Verdunstung würden unser Körper überhitzen.

Es gibt eine einfache Formel, wie viel Flüssigkeit Sie pro Tag zu sich nehmen müssen: pro Kilo Körpergewicht 30 ml. Macht bei einer Frau von 60 Kilo 1,8 Liter freie Flüssigkeit – am besten in Form von Mineralwasser. Trinkt jemand weniger als einen Liter Wasser pro Tag, ist das mittel- bis langfristig schädlich. Zu wenig Flüssigkeit macht sich in folgenden Symptomen bemerkbar:

- wenig und dunkel gefärbter Urin
- Verstopfung
- Schwächegefühl
- Müdigkeit
- trockene, fahle Haut
- trockene Schleimhäute
- Unruhe, Verwirrtheit, Schwindelgefühl
- Konzentrationsstörungen

Viele meinen, Kaffee, Tee oder Alkohol würde ebenfalls als Flüssigkeit zählen. Nun, theoretisch natürlich schon, doch praktisch ist dem leider nicht so. Diese Getränke wirken nämlich auf den Körper entwässernd! Stellen Sie sich einmal ganz bewusst einen Trink-Fahrplan auf. Der könnte folgendermaßen aussehen:

7 Uhr: Zum Frühstück einen Becher Milch oder Müsli mit Milch (0,2 Liter), außerdem ein Glas Orangen- oder Grapefruitsaft.

10 Uhr: Ein weiteres Glas Saft (0,2 Liter). Das versorgt Sie dann auch gleich noch mit muntermachenden Vitaminen.

12 Uhr: Mittagszeit. Trinken Sie vor dem Essen ein großes Glas Wasser (0,4 Liter). Der Trick dabei ist, dass vielen vor dem Essen Trinken leichter fällt. Außerdem nimmt das das größte Hungergefühl, was besonders in Diätzeiten hilfreich ist. Zum Essen ein Glas Saft oder Wasser (0,2 Liter)

14 Uhr: Kaffeezeit. Gönnen Sie sich ruhig eine gute Tasse Kaffee, trinken Sie danach aber ein Glas Wasser (0,2 Liter).

16 Uhr: Der Blutzuckerspiegel sinkt. Jetzt kommt der kleine Hunger. Trinken Sie Buttermilch (0,2 Liter) oder ein Glas frisch gepressten Fruchtsaft.

19 Uhr: Zum Abendessen ein großes Glas Apfelsaftschorle oder Orangensaftschorle (0,4 Liter). Übrigens: das ideale Mischungsverhältnis ist 1:3!

21 Uhr: Sie gehen aus? Oder sitzen gemütlich vor dem Fernseher? Gegen ein Liter Bier ist nichts einzuwenden. Bevor Sie zu Bett gehen, sollten Sie nochmal ein großes Glas Wasser trinken (0,4 Liter).

Mit solch einem Fahrplan kommen Sie auf 2 Liter gesunde Flüssigkeit pro Tag. Noch ein Tipp für alle, die ihre Verdauung auf Trab bringen wollen: Stellen Sie abends ein Glas Wasser auf den Nachtisch und trinken Sie es morgens gleich nach dem Aufwachen noch liegend im Bett.

Ganz allgemein gilt: lieber zu viel als zu wenig trinken. Alles, was der Körper nicht braucht, scheidet er über die Nieren aus. Ausnahme sind Patienten mit schweren Herz- oder Nierenerkrankungen. Doch diese erhalten in der Regel vom Arzt ganz automatisch Anleitungen zum Trinkverhalten.

Denken Sie positiv!

Wer von Wellness spricht, darf die positive Lebenseinstellung nicht vernachlässigen. Sämtliche Wellness-Therapien zielen ja gerade darauf ab, die Ganzheit von Körper, Geist und Seele zu pflegen und ins rechte Lot zu bringen. Allerdings ist es heutzutage (wie wahrscheinlich zu allen Zeiten) nicht besonders einfach, sein positives Grundgefühl beizubehalten. Stress und Hektik jagen uns durch den beruflichen Alltag, wir stehen unter einem enormen Leistungsdruck, haben vielleicht Geldsorgen oder Kummer im privaten Bereich. Da soll man froh und zufrieden sein oder bleiben?

Man kann das positive Grundgefühl wieder erlernen. Es sind viele kleine Schritte, doch wenn man sie befolgt und den Weg beibehält, wird man reich belohnt. Neben einer guten und positiven Ausstrahlung wird man innerlich ruhig und reagiert auf Stress und Hektik, auf Kummer und Sorgen mit Gelassenheit und Ruhe. Grundvoraussetzungen dafür, damit umzugehen und befriedigende Lösungen zu finden. Der Weg zum positiven Denken und zu autosuggestiven Sprüchlein, die eine großartige Wirkung haben, ist mit einigen Regeln verbunden, die Sie nachfolgend finden. Probieren Sie es doch mal aus. Sie werden über die Macht der positiven Gedanken erstaunt sein.

- Beginnen Sie jeden Morgen den Tag mit einem Moment der Sammlung, der Besinnung und der Ruhe. Aus der Ruhe kommt die Kraft. Auch die Kraft, positiv zu denken. Und nur der Tag, der ruhig und besonnen begonnen wird, kann ein guter Tag werden.

• Setzen Sie sich für jeden Tag ein kleines Ziel, auf das Sie sich freuen können. Jeder Tag braucht sein Etappenziel, das Freude bereitet. Denn Freude ist die beste Motivation. auf einem einmal eingeschlagenen Weg weiter zügig voran zu schreiten.

• Nehmen Sie sich vor, mindestens einen Menschen am Tag positiv zu überraschen. Der Mensch ist kein absolutes Einzelwesen. Der Mensch braucht die Gruppe, um lebenswert zu leben. Denn wir alle brauchen Anerkennung durch andere Menschen. Oder auch hin und wieder Ablehnung. Schließlich lernen wir, uns und unser Verhalten einzuschätzen, über die vielschichtigen Reaktionen, die wir von unseren Mitmenschen erhalten. Das Ziel, einen Menschen am Tag positiv zu überraschen, ist somit ein ziemlich egoistisches: Es ist der verständliche Versuch, über diesen kleinen „Umweg" eine positive Reaktion bei einem Mitmenschen auszulösen: ein provoziertes Lob, das gut tut und bestärkt.

•Finden Sie heraus, was Sie gerne tun und was Sie nicht so gerne tun. Jeder Mensch hat seine Vorlieben und seine Abneigungen. Dinge, die man mit Vorliebe tut, gelingen besser. Hier stellt sich schnell Erfolg ein. Und der wiederum motiviert weiter. Eindeutig zu wissen, was man nicht so gerne tut, hat auch nur Vorteile. So weiß man, bei welcher Gelegenheit man sich besonders anstrengen muss, um seine Abneigung mit positivem

Denken zu überwinden. Machen Sie mehr von dem was Sie besonders gerne tun. Nur wer sich gezielt das heraussucht, was gerne macht, kann langfristig Erfolge erzielen und Zufriedenheit aus seinen Leistungen erzielen. Und, Handlungen zu denen man sich mehr oder weniger zwingen muss, erzeugen Unzufriedenheit durch unterdurchschnittliche Leistungen. Eine Tätigkeit, die einem nicht liegt, wird nie perfekt ausfallen.

• Schieben Sie die Dinge, die Sie nicht so gerne tun, nicht vor sich her. Je länger unangenehme Handlungen hinausgezögert werden, desto größer wird die Abneigung diese auszuführen.

• Sprechen Sie aus Sie, was Sie bewegt.Menschen die sich nicht mitteilen, können auch nicht verstanden werden. Menschen, die ihre Gefühle nicht ausdrücken, können nicht mit Mitgefühl und Verständnis rechnen.

• Hören Sie auf Ihre „innere Stimme“.Nur wer in sich hineinhört, kann viel von sich selbst erfahren Sagen Sie Ihrer „inneren Stimme“ was sie Ihnen sagen soll.

• Ziehen Sie jeden Abend Ihre persönliche Bilanz. Fragen Sie sich, was ist gut gelaufen und was ist nicht so gut gelaufen und lernen Sie daraus.

Beschwerden auch gedanklich behandeln

Kleine Sprüche – große Wirkung

Wie bereits angesprochen, können wir mit unserer Einstellung durchaus unser körperliches Wohlbefinden beeinflussen und Krankheiten schneller zum Abheilen bringen. Die Ursache für manche Krankheiten liegt sogar ganz und gar in der inneren Einstellung begründet.

Meist ist es jedoch eine Kombination von physischen und psychischen Faktoren. Auf den folgenden Seiten finden Sie eine alphabetisch geordnete Übersicht von Krankheiten und Symptomen. Außerdem der wahrscheinliche Grund (aus mentaler Sicht) dafür und ein Vorschlag, welches neue Gedankenmuster Abhilfe schaffen könnte. An dieser Stelle sei jedoch empfohlen, immer und auf jeden Fall bei ernsthaften Beschwerden einen Arzt zu konsultieren.

Schlagen Sie nach und prüfen Sie sorgfältig, ob die mentale Ursache tatsächlich auf Ihr Leben zutrifft. Falls dies nicht der Fall ist (Sie müssen allerdings ehrlich sein), forschen Sie weiter und fragen sich, welche Gedankenmuster denn bei Ihnen die Beschwerden hervorgerufen haben.

Wandeln Sie sie nach unserer Methode in positives Gedanken um. Nehmen Sie sich fest vor, sich von den alten Gedanken zu verabschieden und sich einer positiven Einstellung zuzuwenden.

Sprechen Sie die positiven Gedanken mehrmals hintereinander laut aus. Und immer, wenn Sie an Ihre Beschwerden denken, wiederholen Sie Ihre neuen gedanklichen Grundsätze. Fügen Sie hinzu: „Ich bin auf dem Weg der Besserung, jeder Tag wird mich meinem Ziel gesund zu sein ein Stückchen näher bringen."

Abszess

Mögliche Ursache:

Nicht überwundene seelische Verletzungen, Rache, Kränkung

positives Denken:

Meine Gedanken sind frei, die Vergangenheit liegt hinter mir.

Akne

Mögliche Ursache:

Fehlende Eigenliebe, sich selbst nicht annehmen

positives Denken:

Ich bin von Gott geschaffen, er liebt mich und ich akzeptiere mich so wie ich bin. Denn so ist es gut und gewollt.

Alkoholismus

Mögliche Ursache:

Selbstablehnung, Schuldgefühle, Sinnlosigkeit des Lebens, sich selbst als unzulänglich empfinden.

positives Denken:

Ich liebe mich und lebe jetzt im hier und heute. Jeder Tag bringt mir etwas Neues, Schönes. Ich will es sehen und mich daran erfreuen.

Allergien

Mögliche Ursache:

Leugnen der eigenen Kräfte, gegen Menschen oder Umstände „allergisch" sein.

positives Denken:

Ich bin mit mir und meiner Umwelt im Einklang. Die Welt ist sicher und friedlich.

Anämie

Mögliche Ursache:

Gefühl der eigenen Unzulänglichkeit. Negative Haltung und Angst dem Leben gegenüber. Freudlosigkeit.

positives Denken:

Ich liebe und akzeptiere mich. Mir kann nichts geschehen und ich werde durch die Bewältigung meiner Ängste Freude erfahren.

Apathie

Mögliche Ursache:

Abtötung von Empfindungen

positives Denken:

Ich will fühlen, es ist gut zu fühlen. Ich will das Leben leben, sowie es ist. Ich brauche mich nicht zu fürchten.

(zu großer) Appetit

Mögliche Ursache:
Schutzbedürfnis. Verdrängt und verurteilt Gefühle.

positives Denken:
Meine Gefühle sind gut und richtig. Ich bin in Gottes Hand, er wird mich schützen.

(zu wenig) Appetit

Mögliche Ursache:
Misstrauen dem Leben gegenüber. Angst. Möchte von der Bildfläche verschwinden.

positives Denken:
Das Leben wird mir Liebe und Freude schenken. Ich bin in Sicherheit.

Arteriosklerose

Mögliche Ursache:
Engstirnigkeit, Weigerung das Positive im Leben zu sehen. Immer immer im Widerstand.

positives Denken:
Ich selbst bin liebenswert und betrachte das Leben durch die Brille der Liebe. Ich will offen sein für Leben und Freude.

Arthritis

Mögliche Ursache:

Kritisiert ständig. Hegt einen tiefen Groll gegen das Leben, fühlt sich ungeliebt.

Positives Denken:

Ich liebe und akzeptiere mich. Das Leben schenkt Freude und ich will die anderen lieben wie mich selbst.

Asthma

Mögliche Ursache:

Fühlt sich von Liebe erdrückt, unfähig, für sich selbst tief zu atmen. Unterdrückte Wut/Tränen.

Positives Denken:

Ich nehme mein Leben selbst in die Hand. Ich bin frei.

Atembeschwerden

Mögliche Ursache:

Angst, Raum für sich selbst zu beanspruchen. Weigerung, das Leben „in vollen Zügen“ in sich aufzunehmen.

Positives Denken:

Ich habe das Recht auf meinen Freiraum. Jeder Mensch ist liebenswert – auch ich. Und ich will ganz und frei leben.

Augenprobleme

Mögliche Ursache:

Die Augen vor dem Ist-Zustand „verschließen“. Ich mag das Leben so nicht sehen.

Positives Denken:

Ich habe es in der Hand, das Leben jetzt und immer so zu gestalten, wie ich es gerne sehen möchte.

Bandscheibenvorfall

Mögliche Ursache:
Unentschlossenheit. Fühlt sich von allem und jeden im Stich gelassen.

Positives Denken:
All meine Gedanken werden von Gott unterstützt. Er ist mein Begleiter. Ich liebe und akzeptiere mich, alles wird gut.

Bauchkrämpfe

Mögliche Ursache:
Undefinierbare Angst. Will die Welt zum Stillstand bringen.

Positives Denken:
Ich traue dem Leben, auch die Zukunft wird Freude und Liebe bringen. Ich bin in Sicherheit.

Bindehautentzündung

Mögliche Ursache:
Enttäuschung und Wut über die Situation, wie man sie sieht.

Positives Denken:
Es gibt eine Lösung, die mich friedlich stimmen wird. Ich muss sie nur annehmen.

Blasenentzündung

Mögliche Ursache:

Festhalten an alten Vorstellungen. Kann nur schwer loslassen fürchtet sich vor Neuem.

Positives Denken:

Ich verabschiede mich von Vergangenem und freue mich auf Neues in meinem Leben. Ich fühle mich sicher.

Blähungen

Mögliche Ursache:

„Unverdaute" Vorstellungen und Erlebnisse. Angst.

Positives Denken:

Ich entspanne mich und lasse mich vom Leben in die Zukunft treiben. Alles wird gut.

Bluthochdruck

Mögliche Ursache:

Emotionales Problem, das aus der Vergangenheit bis in die Gegenwart reicht.

Positives Denken:

Ich schließe in Frieden mit meiner Vergangenheit ab und lebe in Frieden im hier und jetzt.

Blutdruck (zu niedrig)

Mögliche Ursache:

Resignation. Schwarzseherei. In der Kindheit zuweinig Liebe. Einstellung: alles geht schief.

Positives Denken:

Mein Leben ist voller Freude. Ich will immer im jetzt leben und traue der Zukunft. Gott wird mich beschützen.

Bronchitis

Mögliche Ursache:

Streitigkeiten und/oder schweigsames Nebeneinander in der Familie.

Positives Denken:

In mir ist Frieden und Harmonie. Um mich herum wird Liebe sein. Alles ist gut.

Brustprobleme

Mögliche Ursache:

Zu starker Beschützertrieb. Anmaßung.

Positives Denken:

Jeder ist frei, er selbst zu sein und sein Leben so zu gestalten, wie er es möchte. Ich akzeptiere das.

Chronische Krankheiten

Mögliche Ursache:

Unsicherheit und Angst vor der Zukunft. Stille Weigerung, sich zu ändern.

Positives Denken:

Ich werden den Fluss des Lebens akzeptieren. Ich nehme die Wandlung an und werde mit ihr wachsen. Ich werde auch in Zukunft in Sicherheit sein.

Cushing-Syndrom

Mögliche Ursache:

Zu viele erdrückende Gedanken, von denen man sich überwältigt fühlt. Unfähig sich dagegen zu wehren.

Positives Denken:

Ich bin voller Liebe und werde Kopf und Körper in eine harmonisches Gleichgewicht bringen. Ich will Gedanken spinnen, die sich gut anfühlen.

Dauerschmerz

Mögliche Ursache:
Ungestilltes Verlangen nach Liebe und Halt.

Positives Denken:
Ich liebe mich selbst und ich bin auch für andere liebenswert.

Diabetes

Mögliche Ursache:
Trauer um verpasstes Gelegenheiten. Kontrollwahn. Kummer, weil das Leben seine schönen (süßen) Seiten verloren hat.

Positives Denken:
Ich beschließe den Augenblick zu genießen. Jeder Tag wird mir ein kleines Glück, die Süße des Lebens, bescheren.

Dickdarm

Mögliche Ursache:
Reste alter Gedanken versperren den Weg. Blick ist auf den Gedankenwust der Vergangenheit gerichtet. Man dreht sich im Kreis und bleibt stecken.

Positives Denken:
Ich verabschiede mich von der Gedankenwelt der Vergangenheit. Ich will klar denken und das Leben im hier und jetzt genießen.

Drüsenprobleme

Mögliche Ursache:
Sich selbst zurückhaltend.

Positives Denken:
Gott hat stattet mit ausreichend guten Ideen und Energie aus. Ich mache mich sofort an die Umsetzung meiner Ziele

Durchfall

Mögliche Ursache:
Angst und Ablehnung.

Positives Denken:
Ich schließe Frieden mit dem Leben und akzeptiere Fluss und Wandel.

Ekzem

Mögliche Ursache:

Unvereinbare Gegensätze, die innerlich schwelen und die Gedanken vergiften.

Positives Denken:

Ich fühle mich geborgen und sicher. Ich werde von Harmonie, Frieden und Liebe umgeben sein.

Emphysem

Mögliche Ursache:

Gefühl ungeliebt und nicht liebenswert zu sein. Große Angst, das Leben anzunehmen, so wie es ist.

Positives Denken:

Ich liebe und akzeptiere mich, so wie ich bin. Ich liebe das Leben. Ich habe das Recht frei und intensiv zu leben.

Entzündung

Mögliche Ursache:

Hitzige Gedanken, Angst.

Positives Denken:

Meine Gedanken werden von Frieden bestimmt. Ich bin ruhig und ausgeglichen.

Epilepsie

Mögliche Ursache:

Sieht sich einem ständigen Kampf ausgesetzt. Fühlt sich verfolgt. Lehnt das Leben ab und will sich selbst bestrafen.

Positives Denken:

Ich schließe Frieden mit dem Leben. Es ist freudig und wird mir auch in Zukunft Harmonie, Ruhe und Liebe bringen.

Erkältung

Mögliche Ursache:

Gedankenwelt im Chaos, Verunsicherung, Verwirrung.

Positives Denken:

Alles ist gut. Harmonie und Klarheit sind in mir und um mich. Meine Gedanken sind entspannt und finden Frieden.

Ermüdung

Mögliche Ursache:

Mangelndes Interesse und Liebe für das was man tut. Langeweile. Nicht mehr wollen.

Positives Denken:

Jeder Tag ist spannend. Das Leben hält viele schöne Überraschungen für mich bereit. Das ist die Quell der Kraft für mich.

Fieber

Mögliche Ursachen:
Aufgestaute Wut.

Positives Denken:
Ich bin ruhig und will in Frieden leben, Liebe empfangen und geben.

Fistel

Mögliche Ursachen:
Blockiert sein. Angst, loszulassen.

Positives Denken:
Das Leben ist mein Freund und nicht mein Gegner. Ich fühle mich sicher und vertraue dem Fluss des Lebens.

Flüssigkeitsstau

Mögliche Ursache:
Angst, etwas zu verlieren.

Positives Denken:
Ich lasse los und vertraue darauf, dass das Leben mir auch in Zukunft Harmonie und Frieden schenkt.

Frösteln

Mögliche Ursache:
Innerer Rückzug. Angst vor Verletzungen.

Positives Denken:
Ich bin überall und jederzeit in Sicherheit. Liebe ist in mir und um mich herum. Mir kann nichts geschehen.

Furunkel

Mögliche Ursache:
Wut entlädt sich.

Positives Denken:
Ich schließe Frieden, zeige Liebe und Freude. Alles ist gut.

Gallensteine

Mögliche Ursache:
Unbeugsamer Stolz, Verbitterung, starre und harte Gedanken.

Positives Denken:
Ich schließe in Frieden mit der Vergangenheit ab. Das Leben ist voller Freude und Liebe. Und auch ich bin erfüllt davon.

Gastritis

Mögliche Ursache:
Ständig mit schlimmen Befürchtungen und Ungewissheit belastet.

Positives Denken:
Ich bin sicher und geborgen unter dem Schutz der göttlichen Kraft. Ich liebe mich selbst und schenke Liebe.

Gedächtnisschwund

Mögliche Ursache:
Sich vor dem Leben verstecken. Angst und Unfähigkeit, sein Leben selbst in die Hand zu nehmen.

Positives Denken:
Das Leben ist lebenswert. Mut und Selbstvertrauen sind ein Teil von mir. Ich kann mein Leben meistern.

Gelenke

Mögliche Ursache:
Schwierigkeit, von einer vorgegebenen Richtung abzuweichen. Alle Bewegungen sind beschwerlich.

Positives Denken:
Ich begebe mich unter die Führung von Gott und akzeptiere Wandlung und Richtungsänderungen. Alles hat seinen Sinn.

Geschwüre

Mögliche Ursache:
Das Gefühl, nicht gut genug zu sein.

Positive Gedanken:
Ich liebe und nehme mich selbst an, so wie ich bin. Denn es ist gut so.

Gicht

Mögliche Ursache:
Hang zur Dominanz. Ungeduldig sein und schnell in Wut geraten.

Positives Denken:
Ich schließe mit mir und meinen Mitmenschen Frieden. Ich fühle mich sicher und geborgen.

Gleichgewichtsstörungen

Mögliche Ursache:

Unkonzentriertes und zerrissenes Denken.

Positives Denken:

Ich finde Ruhe und Frieden in mir selbst. Aus meiner inneren Mitte schöpfe ich Kraft und spüre die Vollkommenheit meines Daseins.

Gürtelrose

Mögliche Ursache:

Ständige Anspannung und Angst.

Positives Denken:

Ich entspanne mich und vertraue auf den Prozess des Lebens. Gott wird mich führen. Ich bin in Sicherheit.

Haarausfall

Mögliche Ursache:

Misstrauen dem Leben gegenüber. Möchte alles unter Kontrolle haben. Daher Spannung und Angst.

Positives Denken:

Ich vertraue mich der göttlichen Führung an. Ich liebe und akzeptiere mich, fühle mich sicher und geborgen.

Halsbeschwerden

Mögliche Ursache:

Unterdrückte Wut (geschluckt) und Kreativität. Über sich selbst zu sprechen fällt schwer.

Positives Denken:

Ich tue frei und mit Freude meine Meinung kund. Es ist richtig, wenn ich meine Stimme erhebe. Man wird mir zuhören und das Gesagte akzeptieren.

Harnwegsinfektion

Mögliche Ursache:

Die Schuld wird bei anderen gesucht. Man ist wütend über einen Menschen/ den Partner.

Positives Denken:

Ich lasse den Grund für meinen Ärger aus meinem Bewusstsein ziehen. Ich will mich ändern und akzeptiere die

Wandlung des Lebens. Ich nehme mich selbst an und vertraue auf mich.

Hautausschlag

Mögliche Ursache:

Kindlicher Versuch, Aufmerksamkeit zu erringen. Irritationen, auf der Suche nach dem richtigen Weg.

Positives Denken:

Ich liebe mich und schenke meinen Mitmenschen die gleiche Aufmerksamkeit, wie mir selbst. Ich schließe Frieden mit mir und dem Fluss des Lebens.

Herz (Anfall/ Infarkt)

Mögliche Ursache:

Stress wegen Job, Position. Alle Freude aus dem Herzen verbannt.

Positives Denken:

Ich öffne mein Herz für Freude und Liebe und zeige allen meine Liebe.

Herzbeschwerden

Mögliche Ursache:

Stress und Anspannung. Wenig Freude und emotionale Probleme, die aus der Vergangenheit bis in die Gegenwart dauern.

Positives Denken:
Ich genieße die Freude am Leben. Ich empfange Freude, schenke Freude und bin glücklich jeden Augenblick des Lebens genießen zu können.

Heuschnupfen
Mögliche Ursache:
Schuldgefühle, emotionale Stauung.

Positives Denken:
Ich bin eins mit Gott und der Schöpfung. Ich fühle mich überall und jederzeit sicher und geborgen.

Husten
Mögliche Ursache:
Protest, allen die Meinung zu sagen, Aufmerksamkeit einzufordern.

Positives Denken:
Ich liebe mich selbst und werde geliebt. Man hört mir zu und schätzt meine Meinung.

Hüftprobleme
Mögliche Ursache:
Angst vor größeren Entscheidungen, vorwärt zu gehen.

Positives Denken:
Ich gehe mit Leichtigkeit und Freude durch mein Leben. Ich fühle mich sicher und vollkommen im Gleichgewicht.

Hyperventilation

Mögliche Ursache:
Stagnation. Angst und Widerstand gegen Veränderung.

Positives Denken:
Ich fühle mich sicher und geborgen – zu jederzeit, an jedem Ort. Ich vertraue auf den Wandlungsprozess des Lebens. Gott wird mich schützen.

Infektion

Mögliche Ursache:
Ärger, Wut, Nervosität und Gereiztheit.

Positives Denken:
Ich lebe in Frieden und Harmonie. Nichts wird meine innere Ausgeglichenheit stören.

Ischias

Mögliche Ursache:
Zukunftsängste und scheinheiliges Verhalten.

Positives Denken:
Ich lasse mich auf eine höhere Dimension des Lebens ein. Die göttliche Kraft wird mich lenken und mich schützen. Ich bin in Sicherheit.

Juckreiz

Mögliche Ursache:
Unzufriedenheit, nicht befriedigte Bedürfnisse, Reue.

Positives Denken:
Ich liebe und akzeptiere mich so wie ich bin. Ich vertraue darauf, das all meine Bedürfnisse befriedigt werden und meine Wünsche in Erfüllung gehen. Ich lebe in Frieden.

Kehlkopfentzündung

Mögliche Ursache:

Wut verschlägt einem die Sprache oder Angst etwas auszusprechen.

Positives Denken:

Ich habe die Freiheit, das zu denken und zu sagen, was ich meine. Es ist wichtig, was ich zu sagen habe. Man wird mir zuhören und mich bemerken.

Kniebeschwerden

Mögliche Ursache:

Unnachgiebigkeit und wenig flexibel, stur und stolz.

Positives Denken:

Ich verzeihe und zeige Verständnis und Mitgefühl.

Knochenbrüche

Mögliche Ursache:

Revolte gegen Autoritäten.

Positives Denken:

Nur mein eigenes Denken ist maßgeblich für meine innere Zufriedenheit. Ich gehe meinen Weg und scheue keine Konfrontation. Ich bin sicher und frei.

Knochenwucherung

Mögliche Ursache:
Verhärtete Einstellungen, manifestierte Angst.

Positives Denken:
Ich bin offen und empfänglich für neue Ideen und Wege. Ich freue mich, auf die spannenden Momente des Lebens.

Knötchen

Mögliche Ursache:
Frustration und Verletzheit des Egos.

Positives Denken:
Ich schließe Frieden mit den Ereignissen der Vergangenheit. Ich öffne mich für das Neue. Es wird mir Erfolg und Bestätigung bringen.

Kolik

Mögliche Ursache:
Verärgerung, Ungeduld und Gereiztheit.

Positives Denken:
Ich lebe in Frieden. Liebe ist in mir und umgibt mit. Die göttliche Kraft wird meine Geschicke lenken und mich zur rechten Zeit am rechten Ort sein lassen.

Kopfschmerzen

Mögliche Ursache:

Harsche Kritik gegen sich selbst, Angst.

Positives Denken:

Ich fühle mich sicher und geborgen. Ich akzeptiere, das was ich tue, es ist gut.

Körpergeruch

Mögliche Ursache:

Abneigung gegen das eigene Ich. Angst vor anderen Menschen.

Positives Denken:

Ich liebe mich und nehme mich an so wie ich bin. Gott wird mich schützen. Ich bin frei.

Krampfadern

Mögliche Ursache:

Hass auf die momentane Situation, Gefühle der Entmutigung und Überlastung.

Positives Denken:

Ich stehe im Leben und kann gehen wohin ich will. Ich liebe das Leben und gönne mir Ruhe und Entspannung.

Krämpfe

Mögliche Ursache:
Angst, der Versuch etwas festzuhalten, Spannung.

Positives Denken:
Ich bin entspannt, lebe in Frieden mit mir selbst und lasse die Dinge des Lebens auf mich zukommen. Alles ist gut.

Krebs

Mögliche Ursache:
Tief verwurzelter Groll, Verletzung, Trauer oder Geheimnis, das in einem nagt. Gefühl der Sinnlosigkeit.

Positives Denken:
Ich schließe in Liebe Frieden mit der Vergangenheit und befreie mich von alten Dingen. Ich liebe mich selbst und will in meinem Leben Freude und Liebe erfahren.

Leberentzündung

Mögliche Ursache:

Wut, Zorn und Hass bestimmen die Gefühlswelt. Stagnation, Widerstand gegen Veränderung.

Positives Denken:

Ich lasse die Vergangenheit hinter mir, nichts Altes wird mich belasten. Freudig gehe ich der Zukunft entgegen. Meine Gedanken sind frei und ohne Groll.

Leberbeschwerden

Mögliche Ursache:

Vertuschung von Fehlern, Selbsttäuschung.

Positives Denken:

Ich suche Liebe und werde sie überall finden. Ich öffne mein Herz. Ich fühle mich sicher, geborgen und frei.

Lepra

Mögliche Ursache:

Ungeheuer tief verwurzelte Überzeugung, nicht gut genug oder sauber zu sein. Unfähigkeit das Leben zu meistern.

Positives Denken:

Ich vertraue auf die göttliche Führung und Inspiration. Ich bin frei und liebe das Leben. Es wird keine Begrenzung geben.

Leukämie

Mögliche Ursache:

Ideen, Kreativität und Inspiration werden brutal abgewürgt.

Positives Denken:

Ich liebe mich selbst und lasse meinen Inspirationen Raum. Ich genieße die Freiheit im jetzt und lasse meine Gefühle zu.

Lungenentzündung

Mögliche Ursache:

Emotionale Verletzungen heilen nicht, Verzweiflung, Lebensmüde.

Positives Denken:

Ich verzeihe und vergebe. Jeden Augenblick des Lebens will ich genießen. Ich vertraue auf die göttliche Fügung.

Lungenbeschwerden

Mögliche Ursache:

Mangelndes Selbstwertgefühl, Trauer, Depression, Angst.

Positives Denken:

Ich nehme mich selbst an. Das Leben hält eine Fülle von Freude und Liebe bereit. Ich bin offen für den Wandel.

Lymphbeschwerden

Mögliche Ursache:

Verzetteln von Gefühlen. Körper warnt, sich wieder auf die wesentlichen Dinge des Lebens zu besinnen.

Positives Denken:

Ich bin tief erfüllt von der Liebe und Freude des Lebens. Es herrschen Harmonie und Frieden. Ich begebe mich gelassen in den Fluss des Lebens, der mich an neue Ufer spülen wird.

Magenbeschwerden

Mögliche Ursache:
Überforderung, Angst vor Veränderung und Neuem.

Positives Denken:
Meine Welt ist in Ordnung. Ich fühle mich in meinem Leben sicher – zu jeder Zeit, an jedem Ort. Ich stelle mich freudig dem Neuen in meinem Leben.

Magengeschwür

Mögliche Ursache:
Das Bestreben allen zu gefallen und es allen recht zu machen. Gefühl, nicht gut genug zu sein.

Positives Denken:
Ich liebe mich und akzeptiere mich so wie ich bin. Ich werde von anderen geliebt, weil ich einzigartig und liebenswert bin.

Magersucht

Mögliche Ursache:
Selbsthass und Selbstablehnung. Extreme Angst vor dem Leben und dem Frauwerden.

Positives Denken:
So wie ich bin, ist es richtig. Es ist schön, eine Frau zu sein. Ich werde geliebt und geschätzt und freue mich auf das Leben. Ich genieße jeden Tag, der mich neu mit Freude erfüllt.

Mandelentzündung

Mögliche Ursache:

Unterdrückte Kreativität und Emotionen.

Positives Denken:

Ich lasse meine Gefühle und Gedanken frei. Ich lebe in Frieden und Einklang mit mir selbst.

Menstruationsbeschwerden

Mögliche Ursache:

Ablehnung der Weiblichkeit. Schuldgefühle.

Positives Denken:

Ich freue mich über meine Weiblichkeit. Ich liebe es Frau zu sein. Ich liebe meinen Körper, alle Vorgänge in ihm sind natürlich und schön.

Migräne

Mögliche Ursache:

Fühlt sich unter Druck, getrieben zu werden. Möchte innehalten, lehnt den Fluss des Lebens ab. Auch möglich: sexuelle Ängste.

Positives Denken:

Das Leben ist mein Freund und nicht mein Feind. Ich lasse gebe mich dem stetigen Wandel hin und entspanne mich. Es ist alles gut.

Mitesser

Mögliche Ursache:

Gefühl dominiert, ungeliebt und schmutzig zu sein.

Positives Denken:

Ich liebe mich selbst und werde von anderen geliebt. So wie ich bin, ist es gut. Denn Gott hat mich so erschaffen.

Mundgeruch

Mögliche Ursache:

Verdorbene Gedanken, übles Nachreden und Tratschen, negative Einstellung.

Positives Denken:

Meine Gedanken werden von Freude und Liebe gelenkt. Ich rede nur freundlich und mein Atem wird meine positive Lebenseinstellung verbreiten.

Nackenbeschwerden

Mögliche Ursache:

Hartnäckig an seiner Meinung und Einstellung festhalten. Unbeweglichkeit, die Dinge mal von einer anderen Warte aus zu betrachten.

Positives Denken:

Ich fühle mich sicher und geborgen. Es gibt viele verschiedene Standpunkte, Dinge zu sehen und zu tun. Ich gehe mit Leichtigkeit an meine Aufgaben und gestalte die Umsetzung flexibel.

Nackensteife

Mögliche Ursache:

Hartnäckigkeit total.

Positives Denken:

Das Leben ist bunt. Ich will auch andere Standpunkte kennen lernen.

Nasenbluten

Mögliche Ursache:

Stummer Schrei nach Liebe. Fühlt sich übergangen und ungeliebt.

Positives Denken:

Gott hat mich so geschaffen, wie ich bin. Und das ist wunderbar. Ich bin es wert, dass ich geliebt und geschätzt werde.

Nebenhöhlenbeschwerden

Mögliche Ursache:
Eine vertraute Person reizt einen.

Positives Denken:
Ich bin erfüllt von Frieden, Liebe und Harmonie. Diese Gefühle umgeben mich und schenken mir Ruhe und Gelassenheit.

Nervenzusammenbruch

Mögliche Ursache:
Kommunikation ist blockiert. Ausgeprägte Egozentrik.

Positives Denken:
Ich fühle mich sicher und geborgen. Ich öffne mein Herz und meine Sinne, um Freude und Liebe zu empfangen. Ich spreche liebevoll und mit Respekt.

Nervosität

Mögliche Ursache:
Rastlosigkeit, Hetze, Furcht und Misstrauen gegenüber dem Fluss des Lebens.

Positives Denken:
Der Weg ist das Ziel. Ich kann mich der göttlichen Führung anvertrauen. Ich habe alle Zeit der Welt, in Ruhe meine Aufgaben zu erledigen.

Nesselausschlag

Mögliche Ursache:
Aufbauschen von Problemchen. Kleine, versteckte Ängste.

Positives Denken:
Ich lebe in Frieden und Einklang mit mir und der Welt. Es gibt immer eine harmonische Lösung für jedes Problem.

Neuralgie

Mögliche Ursache:
Selbstbestrafung. Ewiges Grübeln über Gesprächsverläufe, in denen Fehler passiert sind, falsche Reaktionen an den Tag gelegt wurden.

Positives Denken:
Ich verzeihe mir selbst. Ich spreche liebevoll.

Nierenbeschwerden

Mögliche Ursache:
Sich Schämen für eigenes Versagen, Enttäuschung, Kritik.

Positives Denken:
Aus Erfahrung erwächst mir Gutes. Die göttliche Kraft lässt Dinge immer am richtigen Zeitpunkt geschehen. Es ist gut so, wie es ist.

Nierenentzündung

Mögliche Ursache:
Allzu heftige Reaktion auf Versagen und Enttäuschung.

Positives Denken:
Ich lasse das Alte los und freue mich auf das Neue. Es ist alles richtig, was in meinem Leben geschieht.

Nierenschrumpfung

Mögliche Ursache:
Versagens- und Verlustängste. Gefühl, etwas nicht richtig oder gut genug gemacht zu haben.

Positives Denken:
Ich liebe mich selbst und gehe freudig durchs Leben. Gott wird mir helfen, mit jeder Situation des Lebens fertig zu werden und das beste für mich daraus zu machen.

Ohnmacht

Mögliche Ursache:
Angst, ausklinken, flüchten.

Positives Denken:
Ich werde alles in meinem Leben bewältigen können. Ich habe durch die göttliche Kraft, genügend Stärke und Wissen, um jeder Anforderung Stand halten zu können.

Ohrensausen

Mögliche Ursache:
Nicht auf die innere Stimme hören wollen. Sturheit, Verbohrtheit. Ablehnung, zuzuhören.

Positives Denken:
Ich lasse alles los, was mich belastet. Ich lausche meiner inneren Stimme, denn meine Intuition wird mir den richtigen Weg zeigen. Ich vertraue der göttlichen Kraft.

Ohrenschmerzen

Mögliche Ursache:
Nichts mehr hören wollen. Wut, chaotische Gefühle.

Positives Denken:
Ich lebe in Frieden und Harmonie. Ich empfange Liebe und bin offen für liebevolle Kommunikation. Niemand will mir böses, nur helfen meine Aufgaben zu bewältigen.

Ödem

Mögliche Ursache:

Etwas oder eine Person nicht loslassen wollen.

Positives Denken:

Ich lasse die Vergangenheit los und ich bin frei.

Parodontose

Mögliche Ursache:

Unentschlossen und unbändige Wut darüber, unfähig zu sein, Entscheidungen zu fällen.

Positives Denken:

Alle Entscheidungen, die ich treffe sind richtig und gut für mich. Ich akzeptiere mich so wie ich bin, denn es ist gut so.

Pusteln

Mögliche Ursache:

Aufbauschen von Problemchen. Kleine, versteckte Ängste.

Positives Denken:

Ich lebe in Frieden und Einklang mit mir und der Welt. Es gibt immer eine harmonische Lösung für jedes Problem.

Prämenstruelles Syndrom

Mögliche Ursache:

Äußere Einflüsse gewinnen die Oberhand und es wird zugelassen. Ablehnung weiblicher Lebensprozesse.

Positives Denken:

Ich bin selbst verantwortlich für mein Leben und nehme es in die Hand. Ich liebe mich und mein Körper funktioniert hervorragend. Ich bin eine selbstbestimmte Frau und besitze Kraft und Elan.

Rachitis

Mögliche Ursache:

Zu wenig Liebe und Sicherheit.

Positives Denken:

Liebe ist in mir und um mich herum. Ich kann mich überall und zu jeder Zeit im Universum sicher und geborgen fühlen.

Reisekrankheit

Mögliche Ursache:

Angst, die Kontrolle über sich und die Situation zu verlieren.

Positives Denken:

Ich bin völlig sicher überall im Universum. Ich habe meine Gedanken immer unter Kontrolle. Ich vertraue dem Fluss des Lebens.

Rheumatismus

Mögliche Ursache:

Tief in einem steckende Verbitterung. Zu wenig Liebe, fühlt sich unablässig Schikanen ausgesetzt.

Positives Denken:

So liebevoll, wie ich mich selbst und andere behandel, werde ich positive Erlebnisse erzeugen. Ich bin voll der Liebe und Harmonie und werde damit Freude und Liebe säen und ernten.

Ringelflechte

Mögliche Ursache:

Sich nicht gut genug fühlen. Jemanden geht einem unter die Haut.

Positives Denken:

Ich bin frei und liebe und nehme mich so wie ich bin. Niemand außer mir hat Gewalt über mich.

Rückenbeschwerden (mittlere Partie)

Mögliche Ursache:

Diffuse Schuldgefühle, die schwer zu tragen sind.

Positives Denken:

Ich schließe in Frieden mit meiner Vergangenheit ab und lasse sie los. Ich bin frei und kann leichten Schrittes voranschreiten.

Rückenbeschwerden (obere Partie)

Mögliche Ursache:

Kann seine Liebe nicht zeigen. Fühlt sich ungeliebt.

Positives Denken:

Gott hat mich so erschaffen wie ich bin und es ist gut so. Ich bin liebenswert und schenke mit Freuden Liebe.

Rückbeschwerden (untere Partie)

Mögliche Ursache:
Angst vor finanziellen Problemen.

Positives Denken:
Die göttliche Kraft wird mich lenken. Ich fühle mich sicher und geborgen. Es wird für alles gesorgt sein, was ich brauche.

Schilddrüse

Mögliche Ursache:

Fühlt sich gedemütigt, keine Chance zu erhalten, das zu tun, was man will.

Positives Denken:

Alte Grenzen zählen nicht mehr. Ich lebe im hier und jetzt und werde meine Ideen und Kreativität für den Augenblick der Gegenwart nutzen.

Schlaflosigkeit

Mögliche Ursache:

Von Schuldgefühlen geplagt. Angst vor Veränderungen, die das Leben mit sich bringt.

Positives Denken:

Ruhig und in Harmonie lasse ich diesen Tag zu Ende gehen. Morgen beginnt alles neu und Gott wird mich sicher durch den Tag führen.

Schlaganfall

Mögliche Ursache:

Ablehnende Haltung dem Leben gegenüber. Resignation.

Positives Denken:

Ich nehme das Leben so an wie es ist. Die Wandlung und das Neue werden auch mir Liebe und Freude schenken.

Schleimbeutelentzündung

Mögliche Ursache:

Wut auf jemanden, die unterdrückt wird.

Positives Denken:

Die Liebe wird alles lösen und entspannen, was nicht ihrer Natur entspricht.

Schmerz

Mögliche Ursache:

Schuldgefühle, will sich selbst strafen.

Positives Denken:

Alles ist gut und ich bin frei. Mein Herz ist voller Liebe. Ich verzeihe mir selbst und anderen.

Schnarchen

Mögliche Ursache:

Vehementer Widerstand, alte Denkmuster und Verhalten zu ändern.

Positives Denken:

Ich schließe Frieden mit dem Vergangenen. Liebe und Freude soll in mein Leben einziehen. Ich vertraue auf den Fluss des Lebens.

Schulterbeschwerden

Mögliche Ursache:
Das Tragen einer Last ist zu schwer.

Positives Denken:
Alles, was ich durch göttliche Fügung zu tragen habe, kann ich schaffen. Kraft und Stärke sind in mir. Ich bin frei.

Schwellung

Mögliche Ursache:
Stagnation im Denkprozess. Stau schmerzvoller Gefühle.

Positives Denken:
Ich löse mich liebevoll von einer Vergangenheit. Meine Gedanken sind frei. Ich lasse mich von meinen Ideen und meiner Inspiration leiten.

Schwindel

Mögliche Ursache:
Flucht vor der Realität. Zerrissene Gedanken.

Positives Denken:
Ich ruhe in mir. Ich bin die Mitte meiner kleinen Welt. Es ist alles gut so wie es ist, das Leben schenkt mir Freude und Liebe.

Sodbrennen

Mögliche Ursache:

Angst und nochmals Angst, die alles erdrückt.

Positives Denken:

Ich fühle mich sicher und geborgen. Die göttliche Führung wird mich sicher leiten. Der Wandel des Lebens bringt Neues, das ich mit Freude willkommen heißen will.

Stottern

Mögliche Ursache:

Kann sich nicht ausdrücken. Unsicherheit.

Positives Denken:

Ich kann für mich selbst sprechen. Ich bin frei. Man wird mir zuhören. Ich spreche in Liebe.

Süchte

Mögliche Ursache:

Flucht vor sich selbst. Mangelnde Eigenliebe. Angst.

Positives Denken:

Ich liebe mich und werde das Leben in Freude genießen. Ich merke wie wunderbar das Leben und ich als Person bin.

Taubheit (Gehör)

Mögliche Ursache:

Totaler Rückzug. Widerstand. Zurückweisung. Sturheit.

Positives Denken:

Ich lausche dem göttlichen Impuls des Lebens. Ich bin eins mit der Welt. Es ist gut, was ich höre.

Tuberkulose

Mögliche Ursache:

Rachegedanken. Besitzergreifendes Wesen. Egozentrik.

Positives Denken:

Ich schaffe eine Welt voller Frieden und Liebe. Ich freue mich, dass ich ein Teil von ihr bin.

Tumore

Mögliche Ursache:

Nicht verheilte emotionale Verletzungen. Gewissensbisse.

Positives Denken:

Voller Liebe schließe ich mit der Vergangenheit ab. Mein Blick richtet sich auf die Zukunft, schon der nächste Tag wird viel Freude und Liebe bringen.

Unfruchtbarkeit

Mögliche Ursache:

Totale Ablehnung gegen den Fluss des Lebens. Oder: Keine Notwendigkeit sehend, die Erfahrung als Eltern zu sammeln.

Positives Denken:

Ich vertraue mich und meinem Leben der göttlichen Führung an. Alles, was geschieht ist richtig und gut. Ich liebe mich und fühle mich sicher und geborgen.

Übelkeit

Mögliche Ursache:

Ablehnung gegenüber Erfahrungen. Angst.

Positives Denken:

Ich vertraue auf die göttliche Fügung. Ich bin sicher und frei. Das Leben wird mir nur Gutes bescheren.

Übergewicht

Mögliche Ursache:

Sensible Seelen, die Angst haben und sich nach Schutz sehnen. Oder tiefvergrabene Wut nicht herauslassen.

Positives Denken:

Ich nehme die Verantwortung für mein Leben in die Hand und begebe mich in die Obhut der göttlichen Liebe. Ich bin sicher. Ich verzeihe anderen und gehe meinen eigenen Weg.

Venenentzündung

Mögliche Ursache:

Mangelnde Freude im Leben. Beschuldigt andere dafür. Aufgestauter Frust und Zorn.

Positives Denken:

Ich bin erfüllt von Freude und Liebe und bin davon umgeben. Das Leben wird mir Gutes bringen.

Verbrennungen

Mögliche Ursache:

Vor Wut entflammt sein und sich darin verzehren.

Positves Denken:

Ich bin es wert hier zu sein. Liebe und Freude umgeben und durchströmen mich.

Verdauungsstörungen

Mögliche Ursache:

Angst, Furcht und Schrecken.

Positives Denken:

Ich fühle mich sicher, Gott wird meine Geschicke lenken. Ich kann alle Erfahrungen mit Freude machen. Nichts Böses wird mir geschehen.

Verstauchung

Mögliche Ursache:
Wut. Weigert sich eine bestimmte Richtung einzuschlagen.

Positives Denken:
Ich lebe in Frieden. Ich vertraue dem Fluss des Lebens. Ich füge mich dem Wandel des Lebens. Meine Schritte werden jederzeit in die richtige Richtung gelenkt.

Verstopfung

Mögliche Ursache:
Geiz. Will sich nicht von der Vergangenheit lösen. Weigerung, von alten Gedankenmustern abzulassen.

Positives Denken:
Ich gestatte der Liebe und der Freude durch mich zu fließen und zu erfüllen. Ich lasse liebevoll die Vergangenheit los und freue mich auf das Neue, das mir vom Wandel des Lebens geschenkt wird.

Warzen

Mögliche Ursache:

Fühlt sich hässlich. Empfindet Hass.

Positives Denken:

Gott hat mich so geschaffen wie ich bin und es ist gut so. Ich bin der Ausdruck seiner Liebe. Ich strahle Freude und Schönheit aus.

Wassersucht

Mögliche Ursache:

Man hält an irgend etwas fest. Will nicht loslassen.

Positives Denken:

Ich will mich liebevoll und in Frieden von der Vergangenheit verabschieden. Ich bin in Sicherheit. Ich blicke zuversichtlich in die Zukunft.

Wechseljahre (Beschwerden)

Mögliche Ursache:

Angst vor dem Älterwerden. Sich nicht mehr begehrenswert fühlen.

Positives Denken:

Mein Körper wird durchströmt von der Liebe. Ich nehme den Wandel an. Meine Weiblichkeit wird in neuer Pracht erblühen.

Weisheitszahn (eingeklemmt)

Mögliche Ursache:

Eingeschränkte Gedankenwelt. Kein Raum, um eine solide mentale Basis zu bilden.

Positives Denken:

Ich öffne meinen Geist für die Vielfalt des Lebens. Ich bin frei und kann mich ohne Sorge entwickeln. Ich vertraue auf dem Prozess des Lebens, seinem Wandel und den Möglichkeiten.

Wundstarrkrampf

Mögliche Ursache:

Hält an ärgerlichen und krankmachenden Gedanken fest.

Positives Denken:

Liebe ist in meinem Herzen. Sie wird mich läutern und meine ganzen Körper durchströmen, um ihn reinigen und zu heilen.

Zahnfleischbluten

Mögliche Ursache:

Zu wenig Freude am Leben und über die Entscheidungen, die getroffen wurden.

Positives Denken:

Ich vertraue der göttlichen Führung. Alles in meinem Leben wird zum rechten Zeitpunkt geschehen.

Zahnfleischprobleme

Mögliche Ursache:

Steht nicht zu seinen Entscheidungen. Unschlüssigkeit.

Positives Denken:

Meine Entscheidungen sind richtig und gut. Ich bin frei. Ich kann meine Entschlüsse jederzeit ändern. Das Leben unterstützt mich.

Zehennagel (eingewachsen)

Mögliche Ursache:

Schuldgefühle, jemand mit dem Voranschreiten zu verletzen.

Positives Denken:

Ich bin in Sicherheit, ich bin frei. Ich habe das Recht, über Richtung und Weg in meinem Leben selbst zu entscheiden.

Stress lass nach!

Praktische Übungen für Körper, Geist und Seele

Die Zahl der Bürger, die regelmäßig Sport ausüben, beläuft sich zur Zeit auf ca. 15. Millionen – Tendenz steigend. Mit Joggen, Rad fahren, Schwimmen und vielem anderen halten sich diese Menschen fit. Doch es fragen sich auch immer mehr: Welche Sportart ist für mich die beste? Welche ist am gesündesten und effektivsten? Und welche kommt meinen Neigungen am meisten entgegen?

Leider gibt es darauf keine generelle Antwort, denn zu viele Faktoren spielen dabei ein wesentliche Rolle. Nicht jeder Sport ist für jeden geeignet. Bevor man sich für eine Disziplin entscheidet, sollte der Arzt dazu gehört werden.

Wer zum Beispiel mit seinen Gelenken Probleme hat, für den sind Ballsportarten, Laufen und eventuell sogar Rad fahren denkbar ungeeignet. Wer nur joggt und nicht gleichzeitig etwas für seine Wirbelsäulenmuskulatur macht, braucht sich über Rückenschmerzen oder Gelenkprobleme nicht zu wundern...

Zwar ist es gerade der Gesundheitsaspekt, der die meisten dazu treibt, eine Sportart auszuüben, aber oft wird damit das Gegenteil erreicht. Das Motto: „Viel hilft auch viel“, ist dabei völlig falsch. Zu starke und einseitige Belastungen haben oft fatale

Folgen, an denen man noch lange zu knabbern hat. Statt sich täglich zig Kilometer mit dem Fahrrad abzustrampeln oder mehrmals den Park zu umrunden, ist es sinnvoller, sich dreimal die Woche länger dem Sport zu widmen.

1500 bis 2000 Kilokalorien wöchentlicher Energieverbrauch entspricht etwa vier Stunden Joggen oder Inline-Skating. Ein Pulsschlag von 180 minus das Alter gilt als optimal. Mit zunehmenden Jahren nimmt auch die Kraft und die Schnelligkeit ab. Die richtigen Sportarten sind dann Joggen, Wandern, Inline-Skating, Rad fahren, Rudern und ähnliches.

Außerdem ist ein zusätzliches Muskeltraining von großer Wichtigkeit. Die beste Art, sich fit und gesund zu halten, garantiert eine ausgewogene sportliche Betätigung, wie z. B. das Triathlon. Alle Muskelpartien werden gleichmäßig beansprucht und darauf muss bei der Auswahl der Sportarten unbedingt geachtet werden.

Um sich bis ins hohe Alter hinein beweglich und jung zu halten, sollte regelmäßig, aber mit Verstand, trainiert werden. Um die richtige Auswahl zu erleichtern, beschreiben wir anhand der zehn beliebtesten Sportarten, die Vor- und Nachteile für den Körper und die Fitness.

Aerobic: Bei sehr geringem Verletzungsrisiko kann man seine Ausdauer fast optimal trainieren. Die Muskeln werden aufgebaut und die Beweglichkeit gefördert. Man bewegt sich nach Musik, und durch die Ausübung in einer Gruppe wird man auch toll motiviert. Der einzige Nachteil besteht in den mitunter schwierig zu erlernenden Schrittkombinationen.

Beachvolleyball: Dabei werden vor allem die motorischen Fähigkeiten und die Sprungkraft gefördert. Durch das intensive Gruppenerlebnis, macht diese Sportart viel Freude und Spaß. Kraft, Ausdauer und Schnelligkeit werden gleichmäßig gut trainiert, Gelenkigkeit und Koordination optimal gefördert. Nachteil: Bei zwar geringem Risiko, besteht Verletzungsgefahr für Finger und Fußgelenke.

Bergwandern: Eine Sportart, die vor allem die Ausdauer trainiert. Um die Arm- und Rückenmuskulatur zu trainieren, sollten beim Wandern Stöcke benutzt werden. Der Nachteil besteht in einem sehr hohen Zeitaufwand. Ein direkte Verletzungsgefahr besteht zwar nicht, aber beim Abstieg werden die Gelenke extrem hoch belastet.

Inline-Skating: Zwischenzeitlich eine sehr beliebte Sportart, nicht nur bei den Jungen. Ohne die Gelenke zu belasten, werden Ausdauer und Kraft trainiert. Die Wirbelsäule wird durch die langen und ausgeglichenen Bewegungen entlastet. Der einzige Nachteil ist die große Sturzgefahr. Vor allem Anfänger sind davon betroffen und sollten nur auf glatten Asphaltflächen üben. Wichtig sind auch Kopf- Ellbogen und Knieschutz.

Jogging: Das angenehme bei diesem Sport ist, dass er überall ausgeführt werden kann. Joggen stärkt das Herz-Kreislaufsystem und stärkt die Ausdauer. Als Nachteil ist die einseitige Belastung des Bewegungsapparates zu werten. Schäden an Sehnen, Gelenken und Wirbelsäule sind keine Seltenheit.

Kampfsport: Reflexe und Koordination, Konzentration und Selbstsicherheit werden in hohem Maße geschult. Die Schnelligkeit der Bewegungen, die Kraft und die Gelenkigkeit nehmen zu. Ein Nachteil ergibt sich aus der hohen Belastung für die Gelenke. Außerdem kann man Kampfsportarten nur unter Anleitung lernen. Das Verletzungsrisiko ist mittelmäßig.

Rad fahren: Kraft und Ausdauer werden optimal trainiert, die Gelenke nicht übermäßig beansprucht. Wegen der besseren Sitzweise sind Mountainbikes besonders zu empfehlen. Das Verletzungsrisiko ist relativ gering. Allerdings sind Rückenprobleme auftauchen. Männer tragen außerdem das Risiko von Unterleibsschäden.

Rudern: Diese Sportart bietet nicht nur ein optimales Kreislauftraining, sondern stärkt auch die Muskulatur des gesamten Bewegungsapparates. Ausdauer und Koordination werden ebenfalls sehr gut geschult. Das Verletzungsrisiko ist verschwindend gering. Nachteile zeigen sich bei einer falschen Technik, die Folgen können Rückenprobleme sein.

Schwimmen: Regelmäßiges Schwimmtraining härtet nicht nur ab, es entlastet auch die Wirbelsäule und die Gelenke. Die Muskulatur wird fast in allen Bereichen gestärkt und die Ausdauer schonend trainiert. Ein Verletzungsrisiko besteht so gut wie gar nicht, aber durch die manchmal sehr hohen Chlorkonzentrationen in öffentlichen Bädern, können Hautreizungen oder Allergien auftreten.

Triathlon: Schwimmen, Rad fahren und Laufen, sorgen für ein abwechslungsreiches Ausdauertraining. Kraft und Koordination werden ebenfalls geschult. Die Gefahr der Verletzung ist sehr gering. Nachteil ist der erhebliche Zeitaufwand. Außerdem eignet sich diese Sportart nicht für Untrainierte.

Praxisteil

Yoga

Acht Übungen für Schönheit und Gesundheit

Diese jahrhundertealte Technik aus Indien sorgt für Harmonie zwischen Körper und Geist. Die Belohnung regelmäßiger Ausübung sind eine geschmeidige und samtweiche Haut und eine elastische Figur Halten Sie die Positionen so lange wie möglich und führen Sie die Übungen langsam und mit Ruhe durch.

Noch ein paar praktische Tipps:

• Für die Übungen, sollten Sie immer die dieselbe Zeit und denselben Ort wählen, da die Gewöhnung den entspannenden Effekt unterstützt.

• Als Unterlage für Ihre Übungen eignen sich am besten eine Gymnastikmatte oder eine Wolldecke, die Sie auf den Boden legen.

• Ihre Kleidung darf Sie nicht einengen oder zwicken. Ziehen Sie sich etwas sehr bequemes an.

• Achten Sie bei allen Übungen auf ruhiges und tiefes Atmen.

Und schon kann es losgehen. Und zwar mit dem...

Lotossitz

Mit dieser Körperhaltung wird die Bauchatmung vertieft und die Blutzirkulation erhöht. Dadurch werden die Zellen verstärkt mit Sauerstoff versorgt und kleine Fältchen gemindert.

Setzen Sie sich und legen Sie den linken Fuß auf den rechten Oberschenkel und den rechten Fuß auf den linken. Die Knie sollten den Boden berühren. Halten Sie die Wirbelsäule gerade. Die Hände ruhen auf den Knien. Nun atmen Sie langsam und ruhig ein, dabei pressen Sie den Bauch heraus. Danach atmen sie langsam wieder aus und ziehen währenddessen den Bauch ein. Falls der Lotossitz noch zu schwierig für Sie ist, können Sie diese Übung auch im Schneidersitz machen.

Halber Drehsitz

Diese Übung dient der Entlastung der Bandscheiben und verbessert die Körperhaltung.

Setzen Sie sich gerade auf den Boden und winkeln sie die Beine zur linken Seite nach hinten an. Nun heben Sie das linke Bein über das rechte hinweg und setzen den Fuß flach auf den Boden. Legen Sie die rechte Hand auf den linken Fuß und die linke Hand auf Ihren Rücken. Nun atmen Sie tief ein. Beim Ausatmen drehen Sie sich möglichst weit nach links. Danach wechseln Sie die Seite. Wiederholen Sie die Übung zweimal.

Die Greifübung

Diese Übung ist ideal zur Straffung der Arme, der Brustmuskulatur und des Rückens.

Knien Sie sich auf den Boden. Setzen Sie sich auf die Fersen und achten Sie darauf, dass die Wirbelsäule gerade bleibt. Nun greifen Sie hinter dem Rücken Ihre Hände. Eine Hand kommt von oben, die andere von unten. Jetzt beugen Sie den Oberkörper nach vorn. Beim Ausatmen ziehen Sie die Arme vorsichtig auseinander, ohne die Hände dabei loszulasen. Halten Sie diese Position einige Sekunden. Danach die Armhaltung wechseln. Jede Seite fünfmal.

Die Kerze

Diese Übung regt die Zellaktivität an und befreit den Körper von Giftstoffen. Kleine Fältchen werden gemindert und der Teint rosig. Die Kerze wirkt außerdem vorbeugend gegen Krampfadern.

Legen Sie sich auf den Rücken und strecken Sie die Beine und das Gesäß in die Höhe. Stützen Sie sich mit den Armen ab und halten Sie diese Position 5 Sekunden. Atmen Sie dabei ruhig und tief ein. Wiederholen Sie diese Übung fünfmal.

Der Pflug

Dient der Festigung von Po- und Beinmuskulatur und regt die Schilddrüse an. Außerdem wird dabei das Gewicht reguliert.

Sie können diese Übung direkt im Anschluss an die Kerze machen, da die Ausgangsposition die selbe ist. Machen Sie eine Kerze und bringen Sie Ihre Beine so weit wie möglich hinter den Kopf. Die Fußspitzen sollten den Boden berühren. Bleiben Sie 10 Sekunden in dieser Position und atmen Sie tief und ruhig. Rollen Sie sich langsam wieder ab und wiederholen Sie fünfmal.

Das Seitwärtsschwingen

Durch diese Übung wird das Rückgrat beweglicher, Po und Oberschenkel werden gestrafft und Fettpölsterchen um die Taille verschwinden.

Setzen Sie sich auf den Boden und winkeln Sie die Beine seitlich an. Heben Sie die Arme und verschränken Sie sie über dem Kopf. Nun atmen Sie tief ein. Schwingen Sie den Körper seitlich über die Beine und atmen dabei aus. Gleichzeitig spannen Sie den Po und die Oberschenkel an und halten diese Spannung ein paar Sekunden. Schwingen Sie in die Ausgangsposition zurück und wechseln Sie die Seite. Wiederholen Sie je zehnmal.

Das Kamel

Diese Übung kräftigt die Wirbelsäule, lässt Hängeschultern und einen krummen Rücken wieder gerade werden.

Knien Sie sich auf den Boden. Schließen Sie die Augen und heben Sie die Arme über den Kopf. Legen Sie dann Ihre Hände an die Hüften und biegen den Rücken nach hinten. Dabei spannen Sie den Po und die Oberschenkel an. Jetzt drücken Sie die Hüften weit nach vorn und lassen Ihre Hände die Beine entlang bis zu den Fersen gleiten. Halten Sie diese Position 10 Sekunden an. Fünfmal wiederholen.

Die Schlange

Diese Übung strafft den Busen, festigt zugleich die Kinnpartie und hilft bei Schulterverspannungen.

Legen Sie sich mit dem Bauch auf den Boden. Stützen Sie sich auf die Unterarme. Die Fingerspitzen sollen dabei nach vorne zeigen. Nun stemmen Sie Ihren Oberkörper mit gestreckten Armen hoch. Ihr Becken bleibt dabei am Boden. Atmen Sie tief ein und halten Sie diese Position 10 Sekunden. Zwei- bis viermal wiederholen.

Entspannungs- und Energiegymnastik

Die Fünf Tibeter

Jünger, schöner, gesünder! Die Fünf Tibeter gelten als Quelle der Jugend. Mit diesen einfachen Übungen halten sich schon seit Jahrtausenden die Mönche in den Hochtälern des Himalaya gesund und fit. Untrainierte sollten zu Anfang jede Übung dreimal wiederholen und sich langsam und ganz individuell steigern, bis sie jede Übung 21 mal in Folge ausführen können.

Ganz wichtig ist, dass alle fünf Tibeter der Reihe nach durchgeturnt werden und das täglich. Schon bald wird die Haut straffer, das Bindegewebe fester und ein Wohlgefühl tritt ein, das den ganzen Körper und auch den Geist erfasst.

Auf den folgenden Seiten erklären wir Ihnen die Übungen. Geben Sie nicht auf, wenn Sie das Pensum nicht gleich schaffen. Geduld ist angesagt. Das Ergebnis entschädigt Sie für die Anfangsmühe. Wobei: sehr anstrengend sind die fünf Tibeter nicht – und gerade deshalb auch für Ungeübte ein schöner Einstieg in die Welt der Fitness.

1. Tibeter

Stellen Sie sich gerade hin mit leicht gegrätschten Beinen. Heben Sie die Arme auf Schulterhöhe und strecken Sie sie zur Seite. Spannen Sie Ihre Arme bis in die Fingerspitzen an und halten Sie diese Spannung. Jetzt drehen Sie sich im Uhrzeigersinn in kleinen Schritten um die eigene Achse. Als Anfänger sollten Sie sich langsam drehen, damit Ihnen nicht schwindelig wird. Während der Übung immer gleichmäßig ruhig und tief aus- und einatmen.

2. Tibeter

Legen Sie sich flach auf den Rücken, die Arme parallel zum Körper. Heben Sie die gestreckten Beine senkrecht in die Höhe und ziehen Sie gleichzeitig das Kinn an die Brust. Tief einatmend, dann Kopf und Beine gleichzeitig langsam senken. Dabei ausatmen.

3. Tibeter

Knien Sie sich mit aufrechtem Oberkörper auf den Boden. Legen Sie die Hände auf Ihren Oberschenkel unterhalb des Gesäßes. Jetzt das Kinn langsam an die Brust ziehen und kurz verharren und dabei ausatmen. Dann Oberkörper und Kopf weit zurücklegen und dabei tief einatmen.

4. Tibeter

Setzen Sie sich hin, strecken Sie die Beine aus und stützen Sie die Hände neben dem Po auf. Zuerst das Kinn an die Brust ziehen, dann den Kopf nach hinten fallen lassen und den Po hochdrücken, bis Körper und Oberschenkel eine gerade Linie bilden. Dabei einatmen und Muskeln anspannen, danach wieder hinsetzen und ausatmen. Möglicherweise gelingt Ihnen das nicht sofort; versuchen Sie es trotzdem immer wieder, bis Sie es können.

5. Tibeter

Legen Sie sich mit dem Bauch auf den Boden. Heben Sie sich mit gestreckten Armen in den Liegestütz und machen ein Hohlkreuz. Ihre Füße sollten eine Handbreit auseinander sein. Aus dieser Ausgangsposition heraus, heben Sie das Gesäß so weit wie möglich nach oben, so dass der Körper ein Dreieck bildet. Ziehen Sie das Kinn an die Brust und gehen dann wieder in den Liegestütz zurück. Wichtig: Atmen Sie beim Hochstemmen tief ein und beim Senken wieder aus.

Die Sieben Inder

Harmoniegymnastik

Diese Übungen basieren auf den sieben Chakren. Chakra ist ein Wort aus dem Sanskrit und bedeutet Rad. Gemeint ist damit, dass es sich um Energiewirbel handelt. Wenn diese Energiewirbel blockiert sind, ist die Harmonie des Körpers und damit auch die der Seele gestört. Dem können wir abhelfen, in dem wir unsere Chakras aktivieren und somit für den Ausgleich von Yin und Yan, von positiv und negativ, sorgen und die Energie wieder frei fließen kann.

Wie Sie aussehen oder sich fühlen, hängt mit der Energiequelle in den Chakren zusammen. Jedes Chakra ist mit einem bestimmten Organ und einem bestimmten Körperbereich verbunden und nimmt Einfluss auf deren Funktion. Lassen Sie Energie in Ihren Körper ein, indem Sie sich auf die Drüsen und deren zugeordnete Farbe konzentrieren. Die von den Drüsen produzierten Hormone fließen direkt in den Blutkreislauf oder in die Blutgefäße der Organe und tragen somit Lebensenergie in den Körper.

Sorgen Sie vor Beginn der Übungen für eine ruhige Atmosphäre. Versuchen Sie, diese Gymnastik mindestend dreimal in der Woche zu machen, besser wäre es allerdings täglich. Ziehen Sie bequeme Kleidung an und legen Sie eine Matte auf den Boden. Bevor Sie mit den eigentlichen Übungen beginnen, atmen Sie 30mal langsam ein und aus. Wichtig bei allen diesen

Entspannungs- und Körperharmonie-Übungen: Augen schließen, nur durch die Nase atmen. Konzentrieren Sie sich 30 Sekunden auf das jeweilige Energiezentrum und dessen Farbe, dann 60 Sekunden kräftig durchatmen und eine Minute bis zur nächsten Übung warten. Wenn Sie alle Positionen durch haben, legen Sie sich flach auf den Rücken und entspannen einige Zeit. Sie werden sich danach ruhig und kraftvoll fühlen und eine leise Heiterkeit, eine neue Lebenslust in sich verspüren. Gelassen und entspannt gehen Sie an die täglichen Aufgaben.

1. Wurzel-Chakra – Nebennieren – Farbe Dunkelrot.

Setzen Sie sich im Schneidersitz auf Ihre Unterlage. Arme in Schulterhöhe vom Körper wegstrecken, die Handflächen zeigen nach oben. Beim Atmen die Hände wie Flügel auf und ab schwingen und 30 Sekunden auf das Energiezentrum und dessen Farbe konzentrieren.

2. Nabel-Chakra – Geschlechtsdrüsen – Farbe Orange.

Gehen Sie in die Hocke, die Fußsohlen bleiben flach am Boden. Strecken Sie die Arme zwischen den Beinen nach vorn, bis die Handflächen den Boden berühren. Konzentrieren Sie sich auf das Energiezentrum und dessen Farbe.

3. Sonnengeflecht-Chakra – Bauchspeicheldrüse – Farbe Gelb.

Knien Sie sich auf den Boden und setzen Sie sich auf Ihre Fersen. Die Hände flach auf den Oberbauch legen. Die Wirbelsäule beim Einatmen gerade halten und beim Ausatmen in sich zusammensacken. Konzentrieren Sie sich auf das Energiezentrum und dessen Farbe.

4. Herz- Chakra – Thymusdrüse – Farbe Grün.

Setzen Sie sich im Schneidersitz auf die Matte. Verhaken Sie die Finger in Höhe des Herzens und ziehen Sie sie dabei leicht auseinander. Die Ellenbogen bewegen sich wiegend zum Atemrhythmus. Konzentrieren Sie sich auf das Engeriezentrum und dessen Farbe.

5. Kehlkopf-Chakra – Schilddrüse – Farbe Hellblau.

Setzen Sie sich im Schneidersitz auf die Unterlage. Die Hände liegen entspannt auf den Oberschenkeln. Atmen Sie stoßartig zweimal kurz durch die Nase ein-, zweimal kurz durch den Mund aus. Konzentrieren Sie sich auf das Energiezentrum und dessen Farbe.

6. Stirn-Chakra – Hirnanhangsdrüse – Farbe Lila.

Im Schneidersitz hinsetzen und die Hände am Hinterkopf verschränken. Atmen Sie ruhig ein und aus. Die Ellenbogen beim Einatmen nach hinten, beim Ausatmen möglichst weit nach vorne drücken. Konzentrieren Sie sich auf das Energiezentrum und dessen Farbe.

7. Scheitel-Chakra – Zirbeldrüse – Farbe Gold.

Setzen Sie sich im Schneidersitz hin. Arme seitlich ausstrecke und die Handflächen nach oben drehen. Ruhig ein- und ausatmen. Konzentrieren Sie sich auf das Energiezentrum und stellen Sie sich ein helles, warmes und heilendes Licht vor.

Das Super-Power-Yoga

Wenn Sie bisher vor Yoga-Übungen zurückgeschreckt sind, weil Sie keine Lust hatten, stundenlang im Lotossitz auszuharren, dann sollten Sie das neue Power-Yoga ausprobieren. Von langem Sitzen keine Spur. Allerdings ist diese Form des Yoga nicht eigentlich neu, sondern nur wiederentdeckt worden, und zwar – wen wundert's – in Amerika.

Dem Sportlehrer Mark Blanchard ist es zu verdanken, dass diese Yoga-Übungen in USA zum Massensport avanciert ist. Das Tolle daran ist, dass traditionelle Übungen mit dynamischen Bewegungen abwechseln und somit alle Muskeln beansprucht, der Kreislauf gestärkt und der Körper total entspannt werden. Übertriebener Ehrgeiz sollten Sie nicht an den Tag legen. Mark Blanchard sagt: „Jeder soll die Übungen so gut machen, wie er kann, es darf und soll nichts erzwungen werden. Die Perfektion kommt auf Dauer von selbst." Schon nach kurzer Zeit sind Sie so relaxt, dass Sie spielend leicht mit Stress fertig werden und sich rundum topfit fühlen. Die aufeinander abgestimmten Bewegungen der Muskeln, bringen den Fettabbau in Schwung und Ihre Figur wird straffer.Überzeugen Sie sich selbst und Probieren Sie die zwanzig effektivsten Übungen.

Bevor Sie damit beginnen, noch ein paar Tipps:

1. Tipp: Machen Sie die Übungen an einem Stück. Alle 20 Übungen machen Sie nur einmal, denn eine geht in die andere

über. Halten Sie die Position etwa 30 Sekunden. Bei den Übungen 4, 6 – 8, 11 – 13, 18 und 20 ist ein Seiten, bzw. ein Beinwechsel zu empfehlen. Sehr wichtig ist auch bequeme Kleidung und dass Sie barfuß trainieren, damit Sie einen besseren Bodenkontakt für Ihr Gleichgewicht haben.

2 Tipp: Nur durch die Nase atmen. Auch wenn es bei anderen Fitnessarten üblich ist, durch die Nase ein- und durch den Mund wieder auszuatmen, bei den Yoga-Übungen wird konsequent durch die Nase geatmet. Am Anfang jeder Übung einatmen. Mit dem Ausatmen die neue Position einnehmen, halten, bis alle Luft draußen ist. Wieder Einatmen, weiter in die nächste Position usw.

3. Tipp: Bringen Sie sich ins Schwitzen. Die Übungen sind zwar anstrengend, aber wenn Sie dennoch nicht schwitzen, machen Sie nach Übung 7 und 17 je fünf Liegestütze. Nur wenn Sie Ihren Körper überwärmen, kommen Herz-Kreislauf-System und Stoffwechsel in die Gänge.

4. Tipp: Dreimal in der Woche trainieren. Darunter bringt es nicht den gewünschten Effekt. Vielleicht werden Sie schon bald ein richtiger Power-Yoga-Freak und trainieren täglich. Wichtig ist, dass Sie nicht unter Hektik stehen und sich voll auf die Übungen konzentrieren können. Eine ideale Zeit ist morgens, denn das bringt Ihnen die nötige Energie für den Tag. Es lohnt sich, dafür ein bisschen eher aufzustehen.

5. Tipp: Sich nicht überfordern. Manche Postitionen sind am Anfang etwas schwierig. Aber keine Panik, auch wenn Sie Ihren Körper nur minimal strecken, werden Sie in wenigen Wochen so beweglich, dass Sie die Idealposition ohne Anstrengung hinkriegen.

Jetzt noch mal tief Luft holen – und dann kann's losgehen.

1. Aufrecht hinstellen, Füße hüftbreit auseinander. Arme über den Kopf strecken, Hände falten, Zeigefinger aufstellen, nach oben schauen. Sich so lang machen, wie es nur geht.

2. Aus der Hüfte heraus Oberkörper nach vorn beugen. Im Idealfall bilden Rücken und Beine einen rechten Winkel. Arme beugen, die Hände umfassen den Kopf.

3. Arme nach unten fallen lassen. Hinter dem Rücken hochziehen und möglichst gerade halten, Hände falten. Fürs bessere Gleichgewicht Zehen hochstrecken.

4. Arme runternehmen, aufrichten. Einen Schritt nach vorn machen. Arme über den Kopf heben, Hände falten, Zeigefinger aufstellen. Kopf zur Seite drehen.

5. Vorderes Bein beugen, bis der Oberschenkel parallel zum Boden ist. Gleichzeitig gleitet das hintere Bein ein Stück weiter zurück, bleibt dabei gerade. Arme wie bei Übung 4.

6. Wieder ein Stück aufrichten. Arme bis zur Schulterhöhe senken und waagrecht ausstrecken, gleichzeitig Oberkörper zur Seite drehen. Kopf schaut zum hinteren Arm

7. Zurück in die Position von Übung 4. Mit dem Oberkörper nach unten beugen, mit gestreckten Armen auf dem Boden abstützen. Ein Bein gerade nach oben ziehen.

8. Bein runternehmen und hinknien, vorderes Bein bleibt aufgestellt. Den Fuß des hinteren Beins fassen, gleichzeitig den anderen Arm schräg nach oben strecken.

9. Loslassen, hinteres Bein nach vorn holen und in die Hocke gehen. Mit den Armen die Knie umschlingen, Kopf entspannt drauflegen. Sich so klein wie möglich machen.

10. Zurückfallen lassen, bis man sitzt. Oberkörper etwas nach hinten neigen. Beine schräg nach oben strecken, Arme parallel dazu. Kopf und Schultern dabei nicht verkrampfen.

11. Gerade hinsetzen. Ein Bein aufstellen, nah an den Po ziehen. Knie mit einem Arm von vorn umgreifen. Der andere Arm kommt von hinten dazu. Hände fassen.

12. Gerade hinsetzen. Ein Bein vor dem Körper anwinkeln, das andere zur Seite strecken. Oberkörper zum gestreckten Bein drehen, Arme in weitem Bogen mitnehmen.

13. Aufrichten und beide Beine weit grätschen. Ein Bein tief beugen, Oberkörper zum Knie drehen, runterbeugen. Arme hinter dem Rücken hochziehen und strecken.

14. Arme runternehmen, Oberkörper zur Mitte ziehen, nicht hochkommen. Leicht in die Knie gehen, nach unten beugen, Hände parallel zu den Füßen auf den Boden setzen.

15. Mit einem kleinen Rückwärtssprung Füße schließen. Mit dem Oberkörper so weit nach unten gehen, bis die Unterarme gestreckt auf dem Boden liegen. Rücken lockern.

16. Mit den Armen vor-, mit den Beinen zurückrutschen bis zur Bauchlage. Beine möglichst hoch ziehen, die Arme nach hinten nehmen und ebenfalls gestreckt halten.

17. Aus der Bauchlage Arme hochdrücken, bis die gestreckten Unterarme auf dem Boden liegen. Gleichzeitig Zehen aufstellen, Beine parallel zum Boden ausstrecken.

18. Aufrichten, mit einem Sprung die Beine weit grätschen. Oberkörper nach einer Seite dehnen. Ein Arm bleibt unten, der andere geht parallel nach oben. Kopf mitdrehen.

19. Aufrichten, Füße geschlossen. Etwas in die Knie gehen. Ein Bein heben, Oberschenkel weit um den anderen schlingen. Arme anwinkeln und vor der Brust kreuzen.

20. In die weite Grätsche springen. Einen Arm von oben, den anderen von unten auf den Rücken legen, Hände aneinanderschieben. Oberkörper möglichst tief beugen.

Umfassendes Cellulite-Programm mit Multi-Effekt

Ein schöner, fester Körper – wer träumt nicht davon? Auch für Sie muss es kein Traum mehr bleiben. Wenn Sie möglichst viele der folgenden Anwendungen kombinieren, werden Sie vielleicht nicht gerade eine Claudia Schiffer, aber Ihr Körper wird schöner und straffer. Stellen Sie sich Ihr individuelles Schönheitsprogramm aus Spezialpflege, Massage, Ernährung und Gymnastik zusammen. Bei regelmäßiger Anwendung werden Sie schon in vier Wochen einen sichtbaren Erfolg verbuchen können.

Mit Bio-Power die Haut glätten

1. Algenpackung

Die Partien an Oberschenkel und Po sind oftmals in puncto Stoffwechsel unterversorgt. Daraus folgt ein erschlafftes, faltiges Gewebe. Es gibt Abhilfe. Gönnen Sie sich ein- bis zweimal in der Woche ein Algenpackung. In ihr sind Mineralien und Spurenelemente, wie Kalium, Kalzium, Eisen, Kupfer, Zink, usw. enthalten. Aber nicht durch das, Ihre Haut wird auch mit Vitamin A, B, C, D und E versorgt. Sie können im Reformhaus pulverisierte Algen kaufen. Rühren Sie die mit etwas Wasser an und verteilen die Paste dick auf den Problemzonen. Sie unterstützen die Wirkung der Algen um ein Vielfaches, wenn Sie die aufgetragene Packung mit Folie umwickeln. Durch die Wärme können die Stoffe besser in Ihre Haut eindringen und effektiver wirken. Nach 15 Minuten spülen Sie die Paste unter der Dusche ab. Als tägliche Maßnahme können Sie eine Algenseife benutzen, die es in jeder Apotheke zu kaufen gibt. Massieren Sie sie beim Duschen gut ein. Nach zwei Minuten gut abspülen.

2. Fett-Blocker

Was ist der Grund für Cellulite-Dellen? Die Fettzellkammern sind vergrößert und drücken sich sichtbar durch das Bindegewebe nach außen. Sie können einer leichten Cellulite mit neuen Cremes, die Fettblocker enthalten, im wahrsten Sinne des Wortes zu Leibe rücken. Es werden verschiedene Produkte angeboten, z. B. von Dior, Elizabeth Arden, Clarins, Yves Rocher, Juvena, Marbert, Vichy, usw. Die Biotechnologie hat Wirkstoffe gewonnen, die bestimmte Hormonrezeptoren an der äußeren Zellwand besetzen und die Fettspaltung mobilisieren. Außerdem wird die Einlagerung von neuem Fett blockiert. Trotz der Skepsis von einige Fachleuten, zeigen die umfangreichen klinischen Untersuchungen durchweg positive Ergebnisse. Die besten Erfolge können Sie erzielen, wenn Sie mindestens sechs bis acht Wochen morgens und abend konsequent cremen.

3. Vitamin-A-Creme

Bodycremes mit Retinol stellen eine sinnvolle Ergänzung zur Cellulite-Behandlung dar, vor allem, wenn die Haut schon reifer ist und bereits einen Teil ihrer Elastizität eingebüßt hat. Denn die sogenannte Orangenhaut entsteht nicht nur durch vergrößerte Fettzellen, sondern auch durch schwaches Bindegewebe, in dessen taschenähnlichen Kammern sich Flüssigkeit staut. Retinol ist ein chemischer Begriff für Vitamin A und stimuliert die

Neubildung von elastischen und kollagenen Fasern. Dadurch verbessert es die Dichte des Bindegewebes. Am besten, Sie gehen morgens mit Fettblockercreme den Zellen an den Speck und abends festigen Sie mit Retinolcreme das Gewebe. Umgekehrt geht's natürlich auch.

4. Meersalzbad

Am wirkungsvollsten ist das Salz aus dem Toten Meer, zu haben ist es in Apotheken. Es fördert den Stoffwechsel, bringt aufgestaute Flüssigkeit zum Abfließen und regt die Fettverbrennung an. Das ist aber nicht alles, es hat noch einen angenehmen Nebeneffekt – ein Bad in Meersalz entspannt total. Für ein Vollbad brauchen Sie etwa ein Pfund. Die Badetemperatur sollte bei 37 Grad liegen. Bleiben Sie nicht länger als 15 Minuten in der Wanne, das strengt den Körper zu sehr an. Nach dem Bad nicht abtrocknen, sondern mit feuchter Haut warm eingepackt noch ein halbe Stunde ruhen. Danach sollten Sie gründlich duschen und sich gut eincremen.

5. Sprüh-Pflaster

Besonders hartnäckige Cellulite hat man meist an den Innenseiten der Knie, an den Außenseiten der Oberschenkel, am Bauch und am Po. Es ist ein neuartiges Pflaster auf dem Markt, das auch an diesen Stellen Erfolg verspricht. Die Firma Sanofi bietet unter dem Namen Lipofactor Spray Patch solch ein Sprühpflaster an. Es wird punktuell aufgesprüht und arbeitet mit Fettblockern, die aber über mehrere Stunden kontinuierlich freigesetzt und an die Haut abgegeben werden. Das neuartige daran ist, dass der dünne Film nach außen abdichtet und so der Feuchtigkeitsgehalt und die Temperatur der Haut steigen. Das hat zur Folge, dass die hochdosierten Wirkstoffe besser eindringen können und intensiver wirken. Die Behandlung sollte mindestens vier Wochen dauern.

6. Fruchtsäure-Peeling

Braucht Ihr ganzer Körper einen Straffungs-Push? Wollen Sie schnell sichtbare Ergebnisse? Dann probieren Sie es einmal mit einer Bodycreme mit Frucht- oder Salizylsäure, z. B. „Force C Körperschaum" von Rubinstein oder „Smooth Delivery Body Treatment" von Clinique. Sie verfeinern das Hautbild und lassen trockene oder raue Stellen verschwinden. Innerhalb 10 bis 14 Tagen wird Ihre Haut sichtbar glatter und zarter. Sie fragen sich, wie das möglich ist? Ganz einfach, der Effekt beruht auf einem milden Dauerpeeling und wirkt sich langfristig auch auf die unteren Hautschichten positiv aus. Durch Frucht- und auch durch Salizylsäure entsteht ein leichter Reiz, der die Durchblutung aktiviert. Die Regeneration der Haut wird somit gefördert und gleichzeitig führen diese Cremes intensiv Feuchtigkeit zu. Das Ergebnis ist eine deutlich glattere und festere Haut.

7. Vakuum-Massage

Mit Spezialgeräten, die eine Roll- und Saugwirkung haben, können die Ihre Durchblutung auf Touren bringen und überschüssige Flüssigkeiten ableiten. Angeboten wird z. B. von Philips das „Celesse“ oder von Frei Öl „ CelluLady“. Durch einen sanften Druck wird ein leichtes Vakuum erzeugt und auch tiefere Hautschichten massiert. Am Anfang empfiehlt sich täglich eine 20-minütige Behandlung – hat sich der Erfolg eingestellt, reicht zwei- bis dreimal pro Woche.

8. Sisal-Push-Up

Eine einfache, kostengünstige und schnelle Art, abgestorbene Hornzellen zu entfernen. Außerdem wird die Haut für Cremewirkstoffe aufnahmefähiger gemacht, die Inhaltsstoffe können besser eindringen und somit auch besser wirken. Massieren Sie sich täglich unter der Dusche mit einem Sisalhandschuh. Üben Sie nicht zu starken Druck aus, wenn Sie empfindliche Haut haben, sollten Sie den Sisalhandschuh vorher anfeuchten. Massieren Sie die Oberschenkel spiralförmig von unten nach oben, Po und Bauch mit kreisenden Bewegungen und eventuell auch die Oberarme. Wenn die Haut sich leicht rötet, können Sie mit der Behandlung aufhören. Damit das ganze schneller geht, können Sie mit zwei Handschuhen gleichzeitig arbeiten, dann sind Sie ruck zuck fertig. Ganz wichtig: Nach dem Duschen gut cremen, jetzt ist der Weg frei für die Anti-Cellulite-Substanzen.

9. Natur-Lifting

Haben Sie eine Veranlagung zu schwachem Bindegewebe? Dann sollten Sie es mal mit Silicium probieren. Diese Spurenelement festigt das Gewebe von innen und ist in

Reformhäusern oder Apotheken zu haben. Angeboten werden gelartige Produkte mit Kieselerde oder pulverisierte Kieselerde. Egal für was Sie sich entscheiden, Sie müssen es entweder mit Wasser oder Fruchtsaft verrühren und trinken oder Sie mischen es einfach unter Ihr Müsli. Übrigens sind Hirse, Hafer, Weizen und Kartoffeln natürliche Siliciumlieferanten.

10. Lymphdrainage

Eine sehr empfehlenswerte Sache, um eine Cellulitekur effektiv zu starten. Lassen Sie sich bei einer dafür ausgebildeten Kosmetikerin oder einem Physiotherapeuten eine Lymphdrainage machen. Achten Sie unbedingt auf eine Ausbildung nach Dr. Vodder, damit Sie sich auf eine fachgerechte Behandlung freuen können. Entlang der Lymphbahnen bringen sanfte Pumpbewegungen angestaute Flüssigkeit in Bewegung und leiten Sie ab. Sie werden sich wundern, wie federleicht sich danach Ihre Beine anfühlen und sich freuen, denn auch der Umfang der Oberschenkel nimmt dabei ab. Für einen sichtbaren Erfolg sind fünf bis zehn Behandlungen nötig. Die Kosmetikfirma Phas bietet zusammen mit einer Cellulitecreme eine Video an, mit einer Anleitung zur leichten Lymphdrainage zur Selbstbehandlung. Phas ist nur in Apotheken erhältlich.

11. Apfelessig

Es ist kein Fehler, wenn man bei einer Cellulite-Kur gleichzeitig ein bisschen abspeckt, das unterstützt den Erfolg auf jeden Fall. Ein gutes und günstiges Mittel, ist Apelfessig. Er entschlackt das Darmgewebe und wirkt wie eine sanfte Appetitbremse: morgens 2. TL in ein Glas Wasser geben und mit etwas Honig süßen.

12. Spargelwasser

Dieses köstliche Frühjahrsgemüse ist ein echtes Energiebündel. Es ist voller Vitamine, Spurenelementen und Mineralien, sowie mild entwässernden Substanzen. Diese Substanzen befinden sich auch im Kochwasser, also nicht wegschütten, sondern trinken. Bei biologischem Spargel empfiehlt es sich, auch die Schalen mitzukochen, das verstärkt den köstlichen Geschmack des Gemüses. Den Spargelsud kühl aufbewahren und täglich ein Tasse trinken. Wenn Ihnen das zu mühsam ist, können Sie auch in der Apotheke Spargeldragees zum Einnehmen kaufen.

13. Ingwertee

Die Inder sagen, dass Ingwer das Verdauungsfeuer „Agni" anregt. Bekannt ist diese knollige Wurzel auch bei uns. Nicht nur als Gewürz, sondern auch als hervorragende Verdauungs- und Entschlackungshilfe. Am besten man nimmt Ingwer als Asia-Drink zu sich. Schälen Sie, je nach Dicke der Wurzel, ein 2 bis 3 cm langes Stück und schneiden es in Scheiben. Diese setzen Sie mit einem viertel Liter kaltem Wasser auf den Herd, kochen sie kurz auf und lassen den Sud noch 10 Minuten ziehen. Abgießen und genießen, ab besten vor dem Essen, dann sind Sie schon ein bisschen satt und der Tee wirkt sich günstig auf die Verdauung aus. Sie können aus dem Ingwertee auch einen außergewöhnlichen, aber köstlichen Aperitif machen. Mischen Sie in halb und halb mit Orangensaft und servieren Sie diesen Drink mit sehr feingehackter, frischer Petersilie.

14. Exotik-Früchte

Mango, Papaya, Banane, Honigmelone, Kiwi, Ananas – in diesen exotischen Früchten steckt jede Menge Kalium. Dieses Mineral aktiviert den Stoffwechsel zur Höchstleistung und schwemmt Giftstoffe aus dem Körper. Essen Sie täglich als Zwischendurchmahlzeit oder als Dessert eine Exotikfrucht. Köstlich ist auch ein Obstsalat aus verschiedenen Früchten; der ist nicht nur super-gesund, sondern auch schön erfrischend. Süßen sollten Sie aber nicht mit Zucker, sondern mit Honig. Eine Alternative dazu: täglich ein Glas frischgepressten Saft aus Zitrusfrüchten, wie Orange oder Pampelmuse. Damit führen Sie Ihrem Körper vitalisierende Stoffe zu, die er zum Entschlacken braucht.

Muskeln formen mit Easy Gym

15. Inline-Skaten

Nicht nur ein Spaß für junge Leute. Inline-Skaten erfreut zwischenzeitlich auch reifere Menschen, und das ist gut so. In wissenschaftlichen Tests wurde nachgewiesen, das das Flitzen auf Rollen ein ideales Anti-Cellulite-Training ist. Der ganze Körper ist gleichmäßig in Bewegung und dadurch werden sämtliche Muskeln harmonisch trainiert. Kalorien werden schon in kurzer Zeit und bei niedriger Geschwindigkeit verbrannt. Wenn Sie 30 Minuten bei Tempo 15 durch die Landschaft skaten bauen Sie schon an die 230 Kalorien ab. Ganz wichtig: bevor Sie mit Ihren Inlinern auf die Straße gehen, Schutzmontur anlegen, d. h. Helm, Knie- und Ellenbogenschützer.

16. Skipping-Jump

Auf gut Deutsch – Springseil-Hüpfen. Was den Kindern Spaß macht, wird auch Ihnen gefallen. Es ist einfach zu handhaben, billig, macht Laune und bringt Ihre Beine und den Po in Superform. Wichtig ist, dass das Seil die richtige Länge hat. Stellen Sie sich mit den Füßen in das Seil, wenn die Arme einen rechten Winkel bilden, ist die Länge o. k. Ebenfalls zu empfehlen, sind gute Turnschuhe, in denen Sie einen festen Halt haben. Sie müssen nicht hoch springen,denn das belastet unnötig die Gelenke. 2 bis 3 Zentimeter, so, dass Sie gerade noch über das Seil kommen. Lassen Sie Ihre Handgelenke beim Schwingen des Seils ganz locker und lassen Sie es ca. 30 Zentimeter vor Ihnen auf den Boden aufkommen. Wenn Sie sportlich ungeübt sind, sollten Sie am Anfang nicht übertreiben. Steigern Sie sich langsam von Tag zu Tag, bis Sie 100 Sprünge schaffen. Viel Spaß!

17. Brisk-Walking

Gemeint ist damit zügiges Gehen. Fitness-Experten sind sich schon lange einig, dass schnellen Gehen bei Cellulite wirkungsvoller ist, als Joggen, weil sich nur bei mäßiger Belastung die positive Wirkung auf Herz, Kreislauf und vor allem den Stoffwechsel einstellt. Brisk-Walking ist ganz leicht. Beugen Sie Ihren Körper etwas nach vorne, spannen Sie Ihre Bauchmuskeln an, schwingen Sie die leicht angewinkelten Arme parallel zum Körper. Setzen Sie bei jedem Schritt ganz bewusst die Fersen auf und rollen über die Zehen ab. Wichtig: bequeme Turnschuhe anziehen, dreimal pro Woche 20 Minuten gehen.

18. Steh-Biking

Dass beim Rad fahren die Beinmuskulatur gestärkt wird, ist bekannt. Um aber auch den Po zu straffen, sollte man zwischendurch im Stehen in die Pedale treten. An Steigungen wird Ihnen dabei einiges abverlangt, aber auch ebener Straße geht das ganz einfach. Stellen Sie den höchsten Gang ein und dann können Sie mit vollem Power losradeln. Falls das Wetter nicht nach draußen einlädt, bietet jedes Fitness-Studio einen Radtrainer an, bei dem Sie außer der Geschwindigkeit und der zurückgelegten Strecke auch noch Ihre Pulsfrequenz und Ihren Blutdruck ablesen können. Also, rauf auf 's Rad und los!

19. V-Moves

Diese einfache Gymnastikübung ist sehr effektiv. Sie strafft die gesamten Oberschenkelmuskulatur und wirkt dadurch Cellulite entgegen, bzw. schafft Abhilfe. Legen Sie sich auf den Boden und strecken die Beine senkrecht hoch. Machen Sie ein Grätsche wie ein V, legen Sie die Hände an die Innenseite der Schenkel und versuchen Sie, die Beine gegen den Druck der Hände zusammenzudrücken. Üben Sie täglich dreimal 15 Minuten, Sie werden sich über den schon bald eintretenden Erfolg freuen.

20. All-Over-Kick

Einfach, wirksam und überall zu machen. Das tolle an dieser Übung ist, dass Sie die Muskeln an Bauch, Beine und Po gleichzeitig trainieren, Sie brauchen nur eine glatte Wand oder eine Tür und ein paar Minuten Zeit. Und so geht's. Stellen Sie sich mit dem Rücken an die Wand und gehen in die Hocke, bis Ober- und Unterschenkel einen rechten Winkel bilden. Drücken Sie die Lendenwirbel fest gegen die Wand, und versuchen Sie so lang wie möglich in dieser Position zu verharren. Die ersten Male werden es vielleicht nur 30 Sekunden sein, aber wenn Sie täglich üben, schaffen Sie diese Übung bald länger. Wenn Sie soweit sind, dass Sie es fünf Minuten in dieser Position aushalten, dann haben Sie Ihre Muskeln so gut trainiert, dass die gefürchtete Orangenhaut keine Chance mehr hat. Toll ist diese einfache Gymnastik auch, wenn Ihr Rücken vom langen Sitzen schmerzt, denn diese Übung entlastet auch die Wirbelsäule.